기출문제를 토대로 한 **국가공인**

한자 자격시험

연습문제집 3급

- 선정한자 수록
- 기출문제를 토대로 한 연습문제 15회분 구성
- 실제 시험형태의 문제지와 답안지로 실전 대비
- 대학 특기, 특별전형 시 우대
- 삼성전자 및 주요 기업 입사, 승진 시 가산점 부여

형민사

기출문제를 토대로 한
한자자격시험 연습문제 3급

인   쇄 | 2024. 11. 01
펴 낸 곳 | 주식회사 형민사
지 은 이 | 국제어문능력개발원
인터넷구매 | www.hanja114.com
구 입 문 의 | TEL.02-736-7693~4, FAX.02-736-7692
주   소 | ㈜100-032 서울시 중구 수표로45, B1 101호(저동2가 비즈센터)
등 록 번 호 | 제2016-000003호
정   가 | 12,000
I S B N | 978-89-91325-38-8 13710

한자실력급수 자격시험
연습문제집 3급

일러두기

1.

이 책은
'사단법인 한자교육진흥회'가 주관하고
'한국한자실력평가원'이 시행하는
'한자실력급수 자격시험 3급'을 준비하는 응시자를 위해
만들어졌습니다.

2.

선정한자와 교과서한자어를 익힌 후
기출문제를 토대로 한 15회분의 연습문제를 풀면서
출제유형과 경향을 파악하도록 구성하였습니다.

3.

정답을 작성할 수 있는 연습용 답안지 5회분을 수록하여
실전에 대비한 모의시험이 가능하도록 하였습니다.

한자실력급수 자격시험
연습문제집 3급

목차

국가공인 한자자격시험 안내

한자자격시험은

낱글자 암기 능력 위주의 평가를 지양하고
우리 국어 생활에 필요한 한자어들의 활용 능력을 평가하여
한자공부로 一石多鳥의 효과를 누릴 수 있도록 구성된
국가공인기관에서 시행하는 시험입니다.

총 5,000자의 선정한자를 시험 등급별로 선정 평가	▶	체계있는 단계별 한자학습
초·중·고등학교 교과서 한자어 평가	▶	전 교과목 학습능력 향상
총 1,000여 단어의 직업별 전문용어 평가	▶	업무능력의 향상

시험일정: 연간 4회(세부일정은 홈페이지 참조, www.hanja114.org, 전화 02-3406-9111)

시험 요강

급수		공인급수				교양급수							
		사범	1급	2급	3급	준3급	4급	준4급	5급	준5급	6급	7급	8급
평가한자수	계	5,000자	3,500자	2,300자	1,800자	1,350자	900자	700자	450자	250자	170자	120자	50자
	선정한자	5,000자	3,500자	2,300자	1,300자	1,000자	700자	500자	300자	150자	70자	50자	30자
	교과서. 작업군별 실용한자어	단문. 한시 등	500단어	500단어	500자 (436단어)	350자 (305단어)	200자 (156단어)	200자 (139단어)	150자 (117단어)	100자 (62단어)	100자 (62단어)	70자 (43단어)	20자 (13단어)
문항수		200	150	100	100	100	100	100	100	100	80	50	50
합격기준		80점	70점	70점	70점	70점	70점	70점	70점	70점	70점	70점	70점
시험시간(분)		120	80	60	60	60	60	60	60	60	60	60	60

※ 교과서 한자어는 3급 이하 급수에서 출제되며, 쓰기문제는 출제되지 않습니다. ※ 직업군별 실용한자어는 1급과 2급에서 출제됩니다.

접수방법

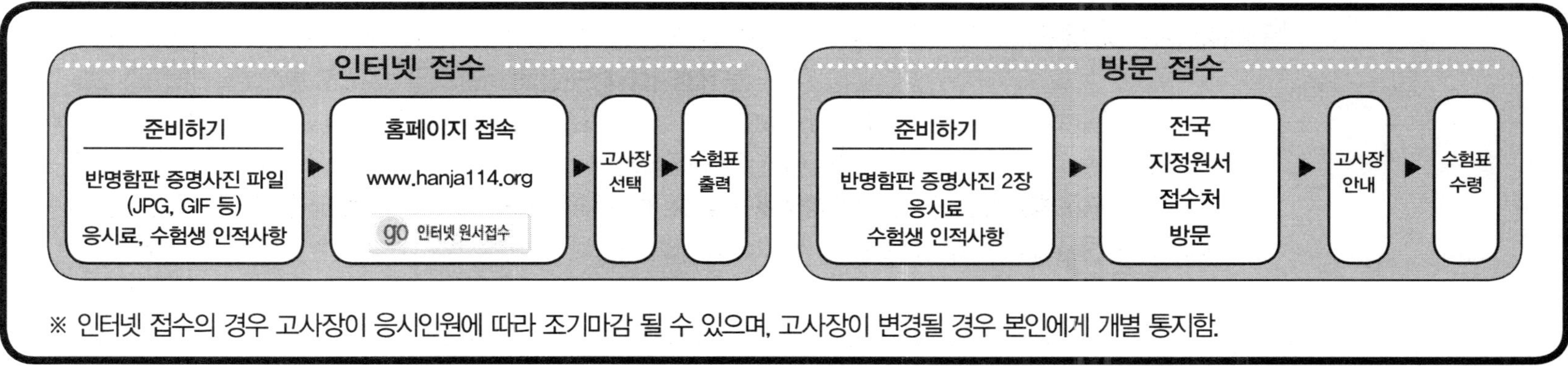

※ 인터넷 접수의 경우 고사장이 응시인원에 따라 조기마감 될 수 있으며, 고사장이 변경될 경우 본인에게 개별 통지함.

시험당일 준비 사항

▶ 수험표와 신분증 소지
▶ 필기구: 6급 이상 – 컴퓨터용 싸인펜, 검정볼펜, 수정테이프
　　　　　 7급~8급 – 연필, 지우개
▶ 고사장 위치 사전 확인
▶ 시험시간 20분 전 입실 완료

추천교재 구입처
형 민 사
전화: 02)736-7694
홈페이지: www.hanja114.co.kr

궁지로 20년 희망으로 200년!

사단법인 한자교육진흥회는?

- 한자교육 단체 중 국내 최초로 법인 인가(1990년 11월)/국가공인 자격관리·운영기관 승인(2004년 1월)
- 국내 유일의 공교육체계에 맞는 급수 편성
- 한자실력급수 3급부터 사범급까지 4개 등급 공인 취득/한자·한문지도사 3급부터 특급까지 4개 등급 공인 취득
  - ➲ 국가공인 민간자격증은 자격기본법 제 23조 3항에 따라 국가자격을 취득한 자와 동등한 대우를 받음
- 전역예정군간부 직업훈련교육기관으로 지정/교원 특수분야 직무연수기관으로 지정
- 생활보호대상자(학교별 단체 특별시험에 한함–교장의 추천), 교도소재소자에게 무료 시험 실시 사회공헌
- **해외 한인학교 한자교육 및 자격시험 지원 기관(인도네시아, 독일 등)**
- 공공기관이 주관·실시하는 한자자격시험 및 한자경시대회 출제·채점(파주시청, 서천군청/양천구청장배, 구리시장배 등)
- KBS TV 퀴즈대한민국 한자문제 출제 감수
- 가천의과학대학교 뇌과학연구소와 「한자교육이 뇌발달에 미치는 영향」 공동연구
- ※ 간송학술장학재단의 장학규정에 의거 초·중·고교생 중 사범 합격자에게 장학금 지급

한자자격시험은 이렇게 출제하여 평가한다.

- 교육부선정 한문교육용 기초한자 1,800자와 대법원인명용한자, 전산용한자, 고문연구용한자 등 총 5,000자를 급수별로 선정하고, 초·중·고교의 교과서 한자어와 직업군별 실용한자어 등을 종합평가한다.
- **객관식 약 30%, 주관식 약 70%로 출제**하고 한자의 훈음, 독음, 상대어(반의어), 유의어, 부수, 고문의 이해 범위에서의 쓰기, 읽기, 해석하기, 문장구성 등 종합적 활용능력을 평가한다.
- 3급 이하에서 출제되는 교과서 한자어는 사용 빈도수가 높은 단어를 선정 평가함으로써 **어휘력, 논술력 향상과 교과서 한자어의 인지도를 높여 종합적 학습능력을 신장**시킨다.
- 2급, 1급에서는 직업군별 실용한자어를 평가함으로써 **직무능력의 향상**을 꾀한다.

자격증을 취득하면 어디에 활용하는가?

- 국내 유수대학의 **입시에 우대**(각 대학의 입시요강 참고)
- 2005학년도 대학수학능력시험부터 '漢文'을 선택과목으로 채택
- 한국방송통신대학교 중어중문학과에서 1급 이상의 자격을 취득한 자는 졸업논문 대체 인정
- 평생교육진흥원의 학점인정기준에 따라 전국학점은행제 기관에 신청하면 **사범 5학점, 1급 3학점 인정**
- 전국경제인연합회 전임 강신호 회장이 타 단체와 크게 차별화 된 것을 높이 평가 전경련 회원사(기업체)에 추천
  - ➲ 국정원, 삼성그룹, 한국무역협회, 동아제약, 우리은행 등 **수많은 기업신입사원 채용 시 가산점 부여, 면접활용**
  - ➲ 녹십자와 현대건설 등 다수의 기업에서는 협약을 맺어 전 사원에게 한자자격시험에 응시 인사고과에 반영
- 육군간부 및 군무원의 인사고과 반영
- 경기도 파주시청을 비롯한 국가기관에서 **공무원 직무능력 향상의 수단으로 한자 자격취득 권장**

한자자격시험 응시를 위한 준비는 어떻게 하나?

- **교재 활용하기**
  - ➲ **추천도서:형민사** 발행 수험서
    - 한자자격시험(사범~8급, 총 12종)
    - 한자자격시험 연습문제집(사범~8급, 총 12종)
    - 한자공부(1단계~5단계: 8급~5급 내용수록)
    - 쉽고 재미있게 익히는 한자공부(초등학교용, 1단계~3단계): 서울시 교육감인정도서
    - 재미있고 쉽게 배우는 한자(초등학생용, 1단계~6단계): 서울시 교육감인정도서
- **인터넷 활용하기**
  - ➲ 한자교육진흥회 홈페이지의 **기출문제** 이용하기: www.hanja114.org ➡ 상단 메뉴바 기출문제 참고

3급 선정한자

가

한자	뜻	음	약자
暇	겨를	가	
架	시렁	가	
覺	깨달을	각	(觉)
刻	새길	각	
姦	간사할	간	(奸)
刊	책펴낼	간	
講	익힐	강	(讲)
介	낄	개	
距	떨어질	거	
拒	막을	거	
傑	뛰어날	걸	
劍	칼	검	(剑)
激	부딪칠/격할	격	
缺	이지러질	결	
兼	겸할	겸	
硬	굳을	경	
傾	기울	경	(倾)
械	기계	계	
係	맬	계	(系)
契	맺을	계	
系	이어맬	계	
姑	시어미	고	
稿	원고/볏집	고	
恭	공손	공	
孔	구멍	공	
貢	바칠	공	(贡)
供	이바지할	공	
攻	칠	공	
冠	갓	관	
貫	꿸	관	(貫)
管	대롱/주관할	관	
慣	버릇	관	(惯)
較	견줄	교	(较)
構	얽을	구	(构)
苟	진실로	구	
券	문서	권	
拳	주먹	권	
菌	버섯	균	

(극~기)

한자	뜻	음	약자
克	이길	극	
斤	도끼	근	
謹	삼갈	근	(謹)
畿	경기	기	
奇	기이할	기	
企	꾀할	기	
機	베틀	기	(机)
紀	벼리	기	(纪)
寄	부칠	기	
祈	빌	기	
欺	속일	기	

나

한자	뜻	음	약자
娘	아가씨	낭	
耐	견딜	내	(耐)
奴	종	노	
腦	뇌	뇌	(脑)

다

한자	뜻	음	약자
茶	차	다	
淡	맑을	담	
擔	멜	담	(担)
畓	논	답	
黨	무리	당	(党)
帶	띠	대	(带)
貸	빌릴	대	(贷)
倒	넘어질	도	
逃	달아날	도	
盜	도둑	도	(盗)
督	감독할	독	
毒	독	독	
豚	돼지	돈	
突	갑자기/부딪힐	돌	
銅	구리	동	(铜)

라

한자	뜻	음	약자
亂	어지러울	란	(乱)

(량~림)

한자	뜻	음	약자
糧	양식	량	(粮)
慮	생각	려	(虑)
戀	사모할	련	(恋)
蓮	연꽃	련	(莲)
聯	잇당을	련	(联)
嶺	고개	령	(岭)
鹿	사슴	록	
了	마칠	료	
龍	용	룡	(龙)
輪	바퀴	륜	(轮)
栗	밤	률	
離	떠날	리	(离)
履	밟을/신	리	
梨	배	리	
吏	아전	리	
臨	임할	림	(临)

마

한자	뜻	음	약자
麻	삼	마	
妄	망령될	망	
梅	매화	매	
孟	맏	맹	
盟	맹세	맹	
盲	소경	맹	
銘	새길	명	(铭)
募	모을	모	
模	법/본뜰	모	
慕	사모할	모	
某	아무	모	
睦	화목할	목	
貿	무역할	무	(贸)
敏	재빠를	민	

바

한자	뜻	음	약자
博	넓을	박	
薄	얇을	박	
返	돌아올	반	
般	일반	반	

(발~비)

한자	뜻	음	약자
髮	터럭	발	(发)
芳	꽃다울/향기	방	
邦	나라	방	
妨	방해할	방	
輩	무리	배	(辈)
繁	번성할	번	
範	법/모범	범	(范)
壁	벽	벽	
邊	가	변	(边)
辯	말잘할	변	(辩)
補	기울	보	(补)
普	넓을	보	
譜	족보	보	(谱)
複	겹칠	복	(复)
腹	배	복	
卜	점	복	
峯	봉우리	봉	(峰)
府	관청	부	
付	부칠	부	
負	질	부	(负)
粉	가루	분	
奔	달릴	분	
紛	어지러울	분	(纷)
拂	떨칠	불	
批	비평할	비	
肥	살찔	비	

사

한자	뜻	음	약자
司	맡을	사	
捨	버릴	사	(舍)
詐	속일	사	(诈)
斯	이	사	
祀	제사	사	
償	갚을	상	(偿)
祥	상서로울	상	
像	형상	상	
索	찾을	색	
署	관청	서	(署)
庶	여러	서	

한자	뜻	음	참고
恕	용서할	서	
宣	베풀	선	
涉	건널	섭	
蔬	나물	소	
頌	기릴	송	(頌)
訟	송사할	송	(讼)
刷	인쇄할	쇄	
囚	가둘	수	
輸	보낼	수	(输)
熟	익을	숙	
巡	순행할	순	
旬	열흘	순	
述	지을	술	(述)

아

한자	뜻	음	참고
雅	바를	아	
亞	버금	아	(亚)
餓	주릴	아	(饿)
岸	언덕	안	
涯	물가	애	
額	이마	액	(额)
樣	모양	양	(样)
壤	흙	양	
役	부릴	역	
驛	역마	역	(驿)
延	끌	연	
鉛	납	연	(铅)
沿	물따라내려갈	연	
緣	인연	연	(缘)
宴	잔치	연	
演	펼/넓을	연	
映	비칠	영	
泳	헤엄칠	영	
銳	날카로울	예	(锐)
辱	욕될	욕	
慾	욕심	욕	(欲)
羽	깃	우	
優	넉넉할/뛰어날	우	(优)
愚	어리석을	우	
郵	우편	우	(邮)
援	도울	원	
圍	둘레/에울	위	(围)
委	맡길	위	
胃	밥통	위	
衛	지킬	위	(卫)
裕	넉넉할	유	
悠	멀	유	
維	벼리	유	(维)
儀	거동	의	(仪)
宜	마땅	의	
疑	의심	의	
姻	혼인할	인	
逸	편안	일	

자

한자	뜻	음	참고
姿	맵시/모양	자	
資	재물	자	(资)
殘	남을/잔인할	잔	(残)
雜	섞일	잡	(杂)
獎	권면할	장	
裝	꾸밀	장	(装)
障	막을	장	
張	베풀	장	(张)
丈	어른	장	
帳	휘장	장	(帐)
抵	거스를/막을	저	
底	밑	저	
績	길쌈	적	(绩)
賊	도둑	적	(贼)
籍	문서	적	
占	점칠/차지할	점	
整	가지런할	정	
訂	바로잡을	정	(订)
亭	정자	정	
廷	조정	정	
征	칠	정	
齊	가지런할	제	(齐)
濟	건널	제	(济)
提	끌/들	제	
堤	둑	제	
照	비칠	조	
條	조목	조	(条)
弔	조상할	조	(吊)
租	조세	조	
潮	조수	조	
組	짤	조	(组)
座	자리	좌	
株	그루	주	
柱	기둥	주	
周	두루	주	
舟	배	주	
俊	준걸	준	
症	증세	증	
誌	기록할	지	(志)
池	못	지	
織	짤	직	(织)
陳	늘어놓을/베풀	진	(陈)
珍	보배	진	
鎭	진압할	진	(镇)
陣	진칠	진	(阵)
姪	조카	질	(侄)
秩	차례	질	

차

한자	뜻	음	참고
差	어긋날	차	
贊	도울	찬	(赞)
倉	곳집	창	(仓)
債	빚	채	(债)
策	꾀	책	(策)
拓	넓힐	척	
踐	밟을	천	(践)
賤	천할	천	(贱)
哲	밝을	철	
妾	첩	첩	
超	넘을	초	
礎	주춧돌	초	(础)
聰	귀밝을/총명할	총	(聪)
築	쌓을	축	(筑)
側	곁	측	(侧)
測	헤아릴	측	(测)
値	값	치	(值)
置	둘	치	(置)
恥	부끄러울	치	(耻)
浸	적실	침	
侵	침노할	침	
稱	일컬을	칭	(称)

타

한자	뜻	음	참고
妥	평온할	타	
濯	씻을	탁	
歎	탄식할	탄	(叹)
彈	탄알	탄	(弹)
塔	탑	탑	
態	모양	태	(态)
擇	가릴	택	(择)
澤	못	택	(泽)
吐	토할	토	
鬪	싸울	투	(斗)

파

한자	뜻	음	참고
派	물갈래	파	
版	판목	판	
販	팔	판	(贩)
評	평론할	평	(评)
肺	허파	폐	
浦	물가	포	
捕	잡을	포	
胞	태보	포	
爆	터질	폭	
被	입을	피	
避	피할	피	

하

한자	뜻	음	참고
咸	다	함	
抗	겨룰	항	
項	목	항	(项)
航	배	항	
港	항구	항	
享	누릴	향	
響	소리/울릴	향	(响)
憲	법	헌	(宪)
險	험할	험	(险)
絃	줄	현	(弦)
亨	형통할	형	
昏	저물/어두울	혼	
弘	클	홍	
確	굳을	확	(确)
環	고리	환	(环)
丸	알/둥글	환	
悔	뉘우칠	회	
劃	그을	획	(划)
揮	휘두를	휘	(挥)

선 정 한 자 (8급~준3급)

8 급

한자	훈	음
九	아홉	구
口	입	구
女	계집	녀
六	여섯	륙
母	어머니	모
木	나무	목
門	문	문 (门)
白	흰	백
父	아버지	부
四	넉	사
山	메	산
三	석	삼
上	위	상
小	작을	소
水	물	수
十	열	십
五	다섯	오
王	임금	왕
月	달	월
二	두	이
人	사람	인
日	날	일
一	한	일
子	아들	자
中	가운데	중
七	일곱	칠
土	흙	토
八	여덟	팔
下	아래	하
火	불	화
力	힘	력
立	설	립
目	눈	목
百	일백	백
生	날	생
石	돌	석
手	손	수
心	마음	심
入	들	입
自	스스로	자
足	발	족
川	내/냇물	천
千	일천	천
天	하늘	천
出	날	출
兄	맏	형

7 급

한자	훈	음
江	강	강
工	장인	공
金	쇠	금
男	사내	남

6 급

한자	훈	음
南	남녘	남
內	안	내
年	해	년
東	동녘	동 (东)
同	한가지	동
名	이름	명
文	글월	문
方	모	방
夫	지아비	부
北	북녘	북
西	서녘	서
夕	저녁	석
少	적을/젊을	소
外	바깥	외
正	바를	정
弟	아우	제
主	주인	주
靑	푸를	청
寸	마디	촌
向	향할	향

준5 급

한자	훈	음
歌	노래	가
家	집	가
間	사이	간 (间)
車	수레	거 (车)
巾	수건	건
古	옛	고
空	빌	공
敎	가르칠	교 (教)
校	학교	교
國	나라	국 (国)
軍	군사	군 (军)
今	이제	금
記	기록할	기 (记)
氣	기운	기 (气)
己	몸	기
農	농사	농 (农)
答	대답	답
代	대신할	대
大	큰	대
道	길	도
洞	골	동
登	오를	등
來	올	래 (来)
老	늙을	로
里	마을	리
林	수풀	림
馬	말	마 (马)
萬	일만	만 (万)
末	끝	말
每	매양	매
面	낯	면
問	물을	문 (问)
物	물건	물
民	백성	민
本	근본	본
分	나눌	분
不	아닐	불
士	선비	사
事	일	사
色	빛	색
先	먼저	선
姓	성씨	성
世	세상	세
所	바	소
時	때	시 (时)
市	저자	시
食	먹을/밥	식
植	심을	식 (植)
室	집	실
安	편안할	안
羊	양	양
語	말씀	어 (语)
午	낮	오
玉	구슬	옥
牛	소	우
右	오른	우
位	자리	위
有	있을	유
育	기를	육
邑	고을	읍
衣	옷	의
耳	귀	이
字	글자	자
長	긴	장 (长)
場	마당	장 (场)
電	번개	전 (电)
前	앞	전
全	온전할	전
祖	할아버지	조
左	왼	좌
住	살	주
地	땅	지
草	풀	초
平	평평할	평
學	배울	학 (学)

漢字	뜻	음	약자
韓	나라이름	한	(韩)
漢	한수	한	(汉)
合	합할	합	
海	바다	해	
孝	효도	효	
休	쉴	휴	

5 급

漢字	뜻	음	약자
各	각각	각	
感	느낄	감	
強	강할	강	
開	열	개	(开)
去	갈	거	
犬	개	견	
見	볼	견	(见)
京	서울	경	
計	셀	계	(计)
界	지경	계	(界)
苦	괴로울	고	
高	높을	고	
功	공	공	
共	함께	공	
科	과목	과	
果	과실	과	
光	빛	광	
交	사귈	교	
郡	고을	군	
近	가까울	근	
根	뿌리	근	
急	급할	급	
多	많을	다	
短	짧을	단	
當	마땅할	당	(当)
堂	집	당	
對	대답할	대	(对)
圖	그림	도	(图)
度	법도	도	
刀	칼	도	
讀	읽을	독	(读)
冬	겨울	동	
童	아이	동	
頭	머리	두	(头)
等	무리	등	
樂	즐거울	락	
禮	예도	례	(礼)
路	길	로	
綠	푸를	록	(绿)
理	다스릴	리	
李	오얏	리	
利	이로울	리	
命	목숨	명	
明	밝을	명	
毛	털	모	
無	없을	무	(无)
聞	들을	문	(闻)
米	쌀	미	
美	아름다울	미	
朴	순박할	박	
反	돌이킬	반	
半	절반	반	
發	필	발	(发)
放	놓을	방	
番	차례	번	
別	다를	별	
病	병	병	
步	걸음	보	
服	옷	복	
部	거느릴	부	
死	죽을	사	
書	글	서	(书)
席	자리	석	
線	줄	선	(线)
省	살필	성	
性	성품	성	
成	이룰	성	
消	사라질	소	
速	빠를	속	
孫	손자	손	(孙)
樹	나무	수	(树)
首	머리	수	
習	익힐	습	(习)
勝	이길	승	(胜)
詩	글	시	(诗)
示	보일	시	
始	처음	시	
式	법	식	
神	귀신	신	
身	몸	신	
信	믿을	신	
新	새로울	신	
失	잃을	실	
愛	사랑	애	(爱)
野	들	야	
夜	밤	야	
藥	약	약	(药)
弱	약할	약	
陽	볕	양	(阳)
洋	큰바다	양	
魚	물고기	어	(鱼)
言	말씀	언	
業	일	업	(业)
永	길	영	
英	꽃부리	영	
勇	날쌜	용	
用	쓸	용	
友	벗	우	
運	움직일	운	(运)
遠	멀	원	(远)
原	언덕/근본	원	
元	으뜸	원	
油	기름	유	
肉	고기	육	
銀	은	은	(银)
飲	마실	음	(饮)
音	소리	음	
意	뜻	의	
者	놈	자	(者)
昨	어제	작	
作	지을	작	
章	글	장	
在	있을	재	
才	재주	재	
田	밭	전	
題	제목	제	(题)
第	차례	제	
朝	아침	조	
族	겨레	족	
晝	낮	주	(昼)
竹	대	죽	
重	무거울	중	
直	곧을	직	(直)
窓	창문	창	(窗)
淸	맑을	청	
體	몸	체	(体)
村	마을	촌	
秋	가을	추	
春	봄	춘	
親	친할	친	(亲)
太	클	태	
通	통할	통	
貝	조개	패	(贝)
便	편할	편	
表	겉	표	
品	물건	품	
風	바람	풍	(风)
夏	여름	하	
行	다닐	행	
幸	다행	행	
血	피	혈	
形	모양	형	
號	이름	호	(号)
花	꽃	화	
話	말씀	화	(话)
和	화할	화	
活	살	활	
黃	누를	황	
會	모일	회	(会)
後	뒤	후	

준4 급

漢字	뜻	음	약자
價	값	가	(价)
加	더할	가	
可	옳을	가	
角	뿔	각	
甘	달	감	
改	고칠	개	
個	낱개	개	(个)
客	손님	객	
決	결단할	결	(决)
結	맺을	결	(结)
輕	가벼울	경	(轻)
敬	공경할	경	
季	철	계	
固	굳을	고	

한자	훈	음	간체
考	상고할	고	
告	알릴	고	
曲	굽을	곡	
公	공변될	공	
課	매길	과	(课)
過	지날	과	(过)
關	관계할/빗장	관	(关)
觀	볼	관	(观)
廣	넓을	광	(广)
橋	다리	교	(桥)
求	구할	구	
君	임금	군	
貴	귀할	귀	(贵)
極	다할	극	(极)
給	줄	급	
期	기약할	기	
技	재주	기	
基	터	기	
吉	길할	길	
念	생각	념	
能	능할	능	
談	말씀	담	(谈)
待	기다릴	대	
德	덕	덕	
都	도읍	도	(都)
島	섬	도	(岛)
到	이를	도	
動	움직일	동	(动)
落	떨어질	락	
冷	찰	랭	
兩	두	량	(两)
良	어질	량	
量	헤아릴	량	
歷	지낼	력	(历)
領	옷깃	령	(领)
令	하여금/명령할	령	(令)
例	법식	례	
勞	수고로울	로	(劳)
料	헤아릴	료	
流	흐를	류	
亡	망할	망	
望	바랄	망	
買	살	매	(买)
妹	아랫누이	매	
賣	팔	매	(卖)
武	굳셀	무	
味	맛	미	
未	아닐	미	
法	법	법	
兵	군사	병	
報	갚을/알릴	보	(报)
福	복	복	
奉	받들	봉	
富	부자	부	
備	갖출	비	(备)
比	견줄	비	
貧	가난할	빈	(贫)
氷	얼음	빙	
仕	벼슬할	사	
思	생각	사	
師	스승	사	(师)
史	역사	사	
使	하여금	사	
産	낳을	산	(产)
算	셈	산	
賞	상줄	상	(赏)
相	서로	상	
商	장사	상	
常	항상	상	
序	차례	서	
船	배	선	
仙	신선	선	
善	착할	선	
雪	눈	설	
說	말씀	설	(说)
星	별	성	
城	재	성	
誠	정성	성	(诚)
洗	씻을	세	
歲	해	세	(岁)
送	보낼	송	
數	셈	수	(数)
守	지킬	수	
宿	잠잘	숙	
順	순할	순	(顺)
視	볼	시	(视)
試	시험	시	(试)
識	알	식	(识)
臣	신하	신	
實	열매	실	(实)
氏	성씨	씨	
兒	아이	아	(儿)
惡	악할	악	(恶)
案	책상/생각	안	
暗	어두울	암	
約	맺을	약	(约)
養	기를	양	(养)
漁	고기잡을	어	(渔)
億	억	억	(亿)
如	같을	여	
餘	남을	여	(馀)
然	그럴	연	
熱	더울	열	(热)
葉	잎	엽	(叶)
屋	집	옥	
溫	따뜻할	온	(温)
完	완전할	완	
要	구할	요	
雨	비	우	
雲	구름	운	(云)
園	동산	원	(园)
願	원할	원	(愿)
由	말미암을	유	
義	옳을	의	(义)
醫	의원	의	(医)
以	써	이	
因	인할	인	
姊	맏누이	자	
再	두	재	
材	재목	재	
財	재물	재	(财)
爭	다툴	쟁	(争)
低	낮을	저	
貯	쌓을	저	(贮)
的	과녁	적	
赤	붉을	적	
典	법	전	
戰	싸움	전	(战)
傳	전할	전	(传)
展	펼	전	
店	가게	점	
庭	뜰	정	
情	뜻	정	
定	정할	정	
調	고를	조	(调)
助	도울	조	
鳥	새	조	(鸟)
早	이를	조	
存	있을	존	
卒	군사/마칠	졸	
終	마칠	종	(终)
種	씨	종	(种)
罪	허물	죄	
注	물댈	주	
止	그칠	지	
志	뜻	지	
知	알	지	
至	이를	지	
紙	종이	지	(纸)
支	지탱할	지	
進	나아갈	진	(进)
眞	참	진	(真)
質	바탕	질	(质)
集	모일	집	
次	버금	차	
參	참여할	참	(参)
責	꾸짖을	책	(责)
鐵	쇠	철	(铁)
初	처음	초	
祝	빌	축	
充	채울	충	
忠	충성	충	
致	이를	치	
他	다를	타	
打	칠	타	
宅	집	택	
統	거느릴	통	(统)
特	특별할	특	
敗	패할	패	(败)
必	반드시	필	
河	물	하	
寒	찰	한	
害	해칠	해	
香	향기	향	
許	허락할	허	(许)
現	나타날	현	(现)

한자	훈	음	약자
好	좋을	호	
湖	호수	호	
畫	그림	화	(画)
化	될	화	
患	근심	환	
回	돌	회	
效	본받을	효	
訓	가르칠	훈	(训)
凶	흉할	흉	
黑	검을	흑	

4 급

한자	훈	음	약자
街	거리	가	
假	거짓	가	
佳	아름다울	가	
干	방패	간	
看	볼	간	
減	덜	감	(减)
甲	껍질	갑	
更	다시	갱	(更)
擧	들	거	(举)
巨	클	거	
建	세울	건	
乾	하늘	건	
慶	경사	경	(庆)
競	다툴	경	(竞)
耕	밭갈	경	
景	볕	경	
經	지날/글	경	(经)
庚	천간	경	
溪	시내	계	
癸	천간	계	
故	연고	고	
谷	골	곡	
骨	뼈	골	
官	벼슬	관	
救	구원할	구	
究	궁구할	구	
句	글귀	구	
舊	예	구	(旧)
久	오랠	구	
弓	활	궁	
權	권세	권	(权)
均	고를	균	
禁	금할	금	
及	미칠	급	
其	그	기	
起	일어날	기	
乃	이에	내	
怒	성낼	노	
端	바를/끝	단	
丹	붉을	단	
單	홑	단	(单)
達	통달할	달	(达)
徒	무리	도	
獨	홀로	독	(独)
斗	말	두	
得	얻을	득	
燈	등잔	등	(灯)
旅	나그네	려	
連	이을	련	(连)
練	익힐	련	(练)
烈	매울	렬	
列	벌일	렬	
論	논할	론	(论)
陸	뭍	륙	(陆)
倫	인륜	륜	(伦)
律	법	률	
滿	찰	만	(满)
忘	잊을	망	
妙	묘할	묘	
卯	토끼	묘	
務	힘쓸	무	(务)
尾	꼬리	미	
密	빽빽할	밀	
飯	밥	반	(饭)
防	막을	방	
房	방	방	
訪	찾을	방	(访)
拜	절	배	
伐	칠	벌	
變	변할	변	(变)
丙	남녘	병	
保	지킬	보	
復	돌아올	복	(复)
否	아닐	부	
婦	지어미/며느리	부	(妇)
佛	부처	불	
悲	슬플	비	
非	아닐	비	
鼻	코	비	
巳	뱀/지지	사	
謝	사례할	사	(谢)
私	사사로울	사	
絲	실	사	(丝)
寺	절	사	
舍	집	사	
散	흩어질	산	
想	생각	상	
選	가릴	선	(选)
鮮	고울	선	(鲜)
舌	혀	설	
聖	성스러울	성	(圣)
盛	성할	성	
聲	소리	성	(声)
細	가늘	세	(细)
勢	권세	세	(势)
稅	세금	세	
笑	웃음	소	
續	이을	속	(续)
俗	풍속	속	
松	소나무	송	
收	거둘	수	
修	닦을	수	
受	받을	수	
授	줄	수	
純	순수할	순	(纯)
戌	개/지지	술	
拾	주울	습	
承	이을	승	
是	옳을	시	
辛	매울	신	
申	펼/지지	신	
眼	눈	안	
若	같을/만약	약	
與	더불/줄	여	(与)
逆	거스를	역	
研	갈	연	(研)
榮	영화	영	(荣)
藝	재주	예	(艺)
誤	그릇될	오	(误)
往	갈	왕	
浴	목욕할	욕	
容	얼굴	용	
遇	만날	우	
雄	수컷	웅	
危	위태할	위	
偉	클	위	(伟)
爲	할	위	(为)
遺	남길	유	(遗)
酉	닭/지지	유	
恩	은혜	은	
乙	새	을	
陰	그늘	음	(阴)
應	응할	응	(应)
依	의지할	의	
異	다를	이	(异)
移	옮길	이	
益	더할	익	
引	끌	인	
印	도장	인	
寅	범	인	
認	알	인	(认)
壬	천간/북방	임	
將	장수/장차	장	(将)
適	맞을	적	(适)
敵	원수	적	(敌)
節	마디	절	(节)
接	이을	접	
停	머무를	정	
井	우물	정	
精	정기	정	
政	정사	정	
除	덜	제	
祭	제사	제	
製	지을	제	(制)
兆	조	조	
造	지을	조	
尊	높을	존	
坐	앉을	좌	
走	달릴	주	
朱	붉을	주	
衆	무리	중	(众)
增	더할	증	
持	가질	지	

指	손가락/가리킬	지		鋼	강철	강	(钢)	納	들일	납	(纳)	凡	무릇	범	
辰	별/지지	진		降	내릴	강		努	힘쓸	노		犯	범할	범	
着	붙을	착		康	편안할	강		斷	끊을	단 (断)		寶	보배	보	(宝)
察	살필	찰		皆	다	개		但	다만	단		伏	엎드릴	복	
唱	부를	창		居	살	거		團	둥글	단 (团)		逢	만날	봉	
冊	책	책		健	건강할	건		壇	제단	단 (坛)		扶	도울	부	
處	곳	처	(处)	件	사건	건		段	층계	단		浮	뜰	부	
聽	들을	청	(听)	檢	검사할	검 (检)		隊	무리	대 (队)		副	버금	부	
請	청할	청	(请)	儉	검소할	검 (俭)		導	인도할	도 (导)		朋	벗	붕	
最	가장	최		格	격식	격		豆	콩	두		飛	날	비	(飞)
蟲	벌레	충	(虫)	堅	굳을	견 (坚)		羅	벌일	라 (罗)		祕	숨길	비	(秘)
取	가질	취		潔	깨끗할	결 (洁)		卵	알	란		費	쓸	비	(费)
治	다스릴	치		鏡	거울	경 (镜)		覽	볼	람 (览)		社	모일	사	
齒	이	치	(齒)	警	경계할	경		浪	물결	랑		寫	베낄	사	(写)
則	법칙	칙	(则)	境	지경	경		郞	사내	랑		射	쏠	사	
針	바늘	침	(针)	戒	경계할	계		略	간략할	략		査	조사할	사	(查)
快	쾌할	쾌		鷄	닭	계 (鸡)		涼	서늘할	량		殺	죽일	살	(杀)
脫	벗을	탈		階	섬돌	계 (阶)		露	이슬	로		狀	모양	상	(状)
探	찾을	탐		繼	이을	계 (继)		錄	기록할	록 (录)		傷	상할	상	(伤)
退	물러날	퇴		庫	곳집	고 (库)		留	머무를	류		霜	서리	상	
波	물결	파		孤	외로울	고		類	무리	류 (类)		尙	오히려	상	
判	판단할	판		穀	곡식	곡 (谷)		柳	버들	류		喪	초상	상	(丧)
片	조각	편	(片)	困	곤할	곤		莫	없을	막		象	코끼리	상	
布	베/펼	포		坤	땅	곤		晩	늦을	만		床	평상	상	
暴	사나울	포	(暴)	具	갖출	구		忙	바쁠	망		暑	더울	서	(暑)
筆	붓	필	(笔)	球	공	구		麥	보리	맥 (麦)		惜	아낄	석	
限	한정	한		區	나눌	구 (区)		免	면할	면		昔	예	석	
解	풀	해		局	판	국		眠	잠잘	면		設	베풀	설	(设)
鄕	시골/마을	향	(乡)	群	무리	군		勉	힘쓸	면		掃	쓸	소	(扫)
協	도울	협	(协)	窮	다할	궁 (穷)		鳴	울	명 (鸣)		素	흴	소	
惠	은혜	혜		宮	집	궁 (宫)		暮	저물	모		束	묶을	속	
呼	부를	호		勸	권할	권 (劝)		牧	칠	목		損	덜	손	(损)
戶	지게문	호		卷	책	권		墓	무덤	묘		愁	근심	수	
婚	혼인할	혼		歸	돌아갈	귀 (归)		茂	무성할	무		誰	누구	수	(谁)
貨	재화	화	(货)	規	법	규 (规)		戊	천간	무		須	모름지기	수	(须)
興	일어날	흥	(兴)	勤	부지런할	근		舞	춤출	무		壽	목숨	수	(寿)
希	바랄	희		級	등급	급 (级)		墨	먹	묵		雖	비록	수	(虽)
				器	그릇	기		勿	말	물		秀	빼어날	수	
				旗	기	기		班	나눌	반		淑	맑을	숙	
준3 급				幾	몇	기 (几)		倍	갑절	배		叔	아재비	숙	
脚	다리	각		旣	이미	기 (既)		背	등	배		術	재주	술	(术)
渴	목마를	갈		暖	따뜻할	난		杯	잔	배		崇	높일	숭	
敢	감히	감		難	어려울	난 (难)		配	짝	배		乘	탈	승	
監	볼	감	(监)					罰	벌할	벌 (罚)		施	베풀	시	

漢字	뜻	음	(異)	漢字	뜻	음	(異)	漢字	뜻	음	(異)	漢字	뜻	음	(異)
息	숨쉴	식		猶	같을	유	(犹)	州	고을	주		包	쌀	포	
深	깊을	심		遊	놀	유		酒	술	주		抱	안을	포	
甚	심할	심		柔	부드러울	유		宙	집	주		票	표	표	
我	나	아		儒	선비	유		準	법도	준	(准)	豐	풍년	풍	(丰)
顔	얼굴	안	(顔)	幼	어릴	유		卽	곧	즉	(即)	皮	가죽	피	
巖	바위	암	(岩)	唯	오직	유		曾	일찍	증		彼	저	피	
央	가운데	앙		乳	젖	유		證	증거	증	(证)	疲	피곤할	피	
仰	우러를	앙		吟	읊을	음		枝	가지	지		匹	짝	필	
哀	슬플	애		泣	울	읍		之	갈	지		何	어찌	하	
也	어조사	야		矣	어조사	의		只	다만	지		賀	하례할	하	(贺)
揚	날릴/떨칠	양	(扬)	議	의논할	의	(议)	智	지혜	지		閑	한가할	한	(闲)
讓	사양할	양	(让)	而	말이을	이		職	벼슬	직	(职)	恨	한할	한	
於	어조사	어		易	쉬울	이		盡	다할	진	(尽)	恒	항상	항	
憶	생각할	억	(忆)	已	이미	이		執	잡을	집	(执)	亥	돼지	해	
嚴	엄할	엄	(严)	仁	어질	인		且	또	차		虛	빌	허	(虚)
余	나	여		忍	참을	인		借	빌릴	차		驗	시험	험	(验)
汝	너	여		任	맡길	임		此	이	차		革	가죽	혁	
亦	또	역		慈	사랑	자		創	비롯할	창	(创)	賢	어질	현	(贤)
域	지경	역		壯	씩씩할	장	(壮)	昌	창성할	창		刑	형벌	형	
煙	연기	연	(烟)	腸	창자	장	(肠)	菜	나물	채		虎	범	호	
悅	기쁠	열		栽	심을	재		採	캘	채	(采)	乎	어조사	호	
炎	불꽃	염		哉	어조사	재		妻	아내	처		或	혹	혹	
營	경영할	영	(营)	災	재앙	재	(灾)	尺	자	척		混	섞을	혼	
迎	맞이할	영		著	나타날	저		泉	샘	천		紅	붉을	홍	(红)
烏	까마귀	오	(乌)	積	쌓을	적	(积)	淺	얕을	천	(浅)	華	빛날	화	(华)
悟	깨달을	오		轉	구를	전	(转)	晴	갤	청		歡	기쁠	환	(欢)
吾	나	오		錢	돈	전	(钱)	招	부를	초		皇	임금	황	
瓦	기와	와		專	오로지	전	(专)	總	거느릴	총	(总)	候	기후	후	
臥	누울	와	(卧)	切	끊을/간절할	절		推	밀	추		厚	두터울	후	
曰	가로	왈		絕	끊을	절	(绝)	追	쫓을	추		胸	가슴	흉	
謠	노래	요	(谣)	點	점	점	(点)	丑	소	축		吸	숨들이쉴	흡	
欲	하고자할	욕		靜	고요할	정	(静)	就	나아갈	취		喜	기쁠	희	
憂	근심	우	(忧)	貞	곧을	정	(贞)	吹	불	취					
尤	더욱	우		淨	깨끗할	정	(净)	層	층	층	(层)				
又	또	우		丁	장정	정		卓	높을	탁					
于	어조사	우		頂	정수리	정	(顶)	炭	숯	탄					
宇	집	우		制	마를	제		泰	클	태					
云	이를	운		諸	모든	제	(诸)	討	칠	토	(讨)				
源	근원	원		際	사이	제	(际)	痛	아플	통					
圓	둥글	원	(圆)	帝	임금	제		投	던질	투					
怨	원망할	원		操	잡을	조		破	깨뜨릴	파					
員	인원	원	(员)	宗	마루	종		板	널빤지	판					
院	집	원		鐘	쇠북	종	(钟)	篇	책	편					
威	위엄	위		從	좇을	종	(从)	閉	닫을	폐	(闭)				

음과 뜻이 여럿인 한자

降	내릴 강 (下降:하강) 항복할 항 (降伏:항복)
更	다시 갱 (更新:갱신) 고칠 경 (變更:변경)
車	수레 거 (車馬:거마) 수레 차 (車費:차비)
見	볼 견 (見聞:견문) 뵐 현 (謁見:알현)
金	쇠 금 (金屬:금속) 성 김 (金氏:김씨)
度	법도 도 (制度:제도) 헤아릴 탁 (度支:탁지)
讀	읽을 독 (讀書:독서) 구절 두 (句讀:구두)
洞	마을 동 (洞里:동리) 꿰뚫을 통 (洞達:통달)
樂	즐거울 락 (娛樂:오락) 풍류 악 (音樂:음악) 좋아할 요 (樂山:요산)
北	북녘 북 (北方:북방) 달아날 배 (敗北:패배)
復	돌아올 복 (回復:회복) 다시 부 (復活:부활)

否	아닐 부 (否認:부인) 막힐 비 (否塞:비색)
不	아닐 불 (不吉:불길) 아닐 부 (不當:부당)
殺	죽일 살 (殺生:살생) 감할 쇄 (相殺:상쇄)
狀	모양 상 (形狀:형상) 문서 장 (賞狀:상장)
索	찾을 색 (搜索:수색) 쓸쓸할 삭 (索莫:삭막)
說	말씀 설 (說明:설명) 달랠 세 (遊說:유세) 기쁠 열 (說樂:열락)
省	살필 성 (省察:성찰) 덜 생 (省略:생략)
數	셈 수 (數學:수학) 자주 삭 (頻數:빈삭)
宿	잠잘 숙 (宿所:숙소) 별자리 수 (星宿:성수)
拾	주울 습 (拾得:습득) 열 십 (拾萬:십만)
食	먹을 식 (飮食:음식) 밥 사 (簞食:단사)

識	알 식 (知識:지식) 기록할 지 (標識:표지)
惡	악할 악 (善惡:선악) 미워할 오 (嫌惡:혐오)
易	바꿀 역 (貿易:무역) 쉬울 이 (容易:용이)
切	끊을 절 (切斷:절단) 모두 체 (一切:일체)
辰	지지 진 (辰時:진시) 별 신 (辰星:신성)
參	참여할 참 (參加:참가) 석 삼 (參拾:삼십)
拓	넓힐 척 (開拓:개척) 박을 탁 (拓本:탁본)
宅	집 택 (住宅:주택) 댁 댁 (宅內:댁내)
便	편할 편 (便利:편리) 오줌 변 (小便:소변)
布	펼 포 (布告:포고) 펼 보 (布施:보시)
暴	사나울 폭 (暴風:폭풍) 사나울 포 (暴惡:포악)
行	다닐 행 (行人:행인) 항렬 항 (行列:항렬)

가			
家畜	가축		
簡單	간단		
諫言	간언		
葛藤	갈등		
概念	개념		
凱旋	개선		
慨歎	개탄		
坑道	갱도		
乾燥	건조		
檢閱	검열		
揭揚	게양		
激勵	격려		
隔差	격차		
結晶	결정		
缺乏	결핍		
缺陷	결함		
謙遜	겸손		
頃刻	경각		
啓蒙	계몽		
苦悶	고민		
古墳	고분		
枯死	고사		
雇傭	고용		
鼓吹	고취		
攻擊	공격		
空欄	공란		
貢獻	공헌		

恐慌	공황		
瓜年	과년		
誇張	과장		
寡占	과점		
官僚	관료		
寬容	관용		
官廳	관청		
鑛物	광물		
狂人	광인		
掛圖	괘도		
傀儡	괴뢰		
巧妙	교묘		
絞首	교수		
郊外	교외		
矯正	교정		
膠着	교착		
交替	교체		
敎鞭	교편		
交換	교환		
狡猾	교활		
丘陵	구릉		
驅使	구사		
拘束	구속		
屈伏	굴복		
宮闕	궁궐		
宮殿	궁전		
倦怠	권태		
軌道	궤도		
鬼神	귀신		

閨房	규방		
根幹	근간		
根據	근거		
近鄰	근린		
筋肉	근육		
禽獸	금수		
錦繡	금수		
琴瑟	금슬		
金融	금융		
急騰	급등		
肯定	긍정		
矜持	긍지		
祈禱	기도		
岐路	기로		
欺瞞	기만		
起訴	기소		
飢餓	기아		
氣壓	기압		
忌憚	기탄		
嗜好	기호		
緊張	긴장		

나			
懶怠	나태		
拉致	납치		
朗誦	낭송		
來賓	내빈		
冷却	냉각		

奴隷	노예		
老翁	노옹		
祿俸	녹봉		
濃度	농도		
雷電	뇌전		
樓閣	누각		
陋名	누명		
淚腺	누선		
漏電	누전		

다			
多汗症	다한증		
檀君	단군		
鍛鍊	단련		
膽囊	담낭		
踏査	답사		
臺本	대본		
對酌	대작		
垈地	대지		
圖鑑	도감		
陶工	도공		
塗褙	도배		
跳躍	도약		
稻作	도작		
渡河	도하		
敦篤	돈독		
頓悟	돈오		
洞窟	동굴		

棟梁	동량		
凍死	동사		
鈍角	둔각		
屯田	둔전		

마			
摩擦	마찰		
幕	막		
灣	만		
埋藏	매장		
媒體	매체		
脈絡	맥락		
猛獸	맹수		
萌芽	맹아		
免疫	면역		
綿織	면직		
滅亡	멸망		
蔑視	멸시		
冥府	명부		
名詞	명사		
名譽	명예		
模倣	모방		
矛盾	모순		
茅屋	모옥		
謀議	모의		
冒險	모험		
沐浴	목욕		
沒入	몰입		

蒙昧	몽매	覆蓋	복개	朔望月	삭망월	需要	수요	預金	예금
苗木	묘목	福祉	복지	山岳	산악	羞恥	수치	誤謬	오류
描寫	묘사	封建	봉건	撒布	살포	隨筆	수필	傲慢	오만
無影	무영	蜂蜜	봉밀	三綱	삼강	瞬間	순간	汚染	오염
舞踊	무용	訃告	부고	森林	삼림	純粹	순수	沃土	옥토
美貌	미모	附錄	부록	插畫	삽화	脣音	순음	緩和	완화
微分	미분	附屬	부속	上位圈	상위권	殉葬	순장	歪曲	왜곡
迷信	미신	赴任	부임	象徵	상징	濕度	습도	倭亂	왜란
未畢	미필	分娩	분만	相互	상호	昇華	승화	畏敬	외경
民譚	민담	奮發	분발	狀況	상황	信賴	신뢰	尿道	요도
		分析	분석	生殖	생식	愼重	신중	搖籃	요람
		分裂	분열	敍述	서술	信託	신탁	要塞	요새
바		崩壞	붕괴	誓約	서약	審議	심의	夭折	요절
		鼻腔	비강	書札	서찰			腰痛	요통
博物館	박물관	碑銘	비명	書翰	서한			溶解	용해
伴侶	반려	誹謗	비방	徐行	서행	**아**		優劣	우열
發掘	발굴	卑俗語	비속어	船舶	선박			右翼	우익
拔萃	발췌	比喩	비유	禪宗	선종	惡魔	악마	寓話	우화
防禦	방어	比率	비율	旋回	선회	惡臭	악취	運搬	운반
賠償	배상	頻度	빈도	纖維	섬유	安寧	안녕	鬱蒼	울창
俳優	배우			攝取	섭취	哀悼	애도	月蝕	월식
排斥	배척			紹介	소개	厄運	액운	緯度	위도
白鹿潭	백록담	**사**		疏外	소외	輿論	여론	慰勞	위로
白眉	백미			疏遠	소원	旅程	여정	僞造	위조
伯父	백부	祠堂	사당	所謂	소위	役割	역할	威脅	위협
煩惱	번뇌	沙漠	사막	騷音	소음	年齡	연령	紐帶	유대
飜譯	번역	赦免	사면	垂簾	수렴	憐憫	연민	遺蹟	유적
氾濫	범람	斜陽	사양	收斂	수렴	燃燒	연소	幼稚	유치
僻地	벽지	似而非	사이비	狩獵	수렵	鹽酸	염산	誘惑	유혹
辨別	변별	辭典	사전	受賂	수뢰	厭世	염세	輪廓	윤곽
病棟	병동	蛇足	사족	睡眠	수면	永訣	영결	隆盛	융성
竝列	병렬	四肢	사지	受侮	수모	令孃	영양	淫亂	음란
輔國	보국	寺刹	사찰	搜査	수사	零下	영하	音韻	음운
保護	보호	奢侈	사치			靈魂	영혼		

凝固	응고	週末	주말	清廉	청렴
裏面	이면	鑄造	주조	締結	체결
利潤	이윤	主軸	주축	遞增	체증
匿名性	익명성	遵法	준법	抄錄	초록
翌日	익일	中庸	중용	招聘	초빙
咽喉	인후	蒸散	증산	肖像	초상
賃金	임금	贈與	증여	超越	초월
姙娠	임신	憎惡	증오	叢書	총서
粒子	입자	脂肪	지방	醜聞	추문
		地獄	지옥	趨勢	추세
자		地震	지진	推薦	추천
自愧	자괴	遲滯	지체	抽出	추출
磁力	자력	智慧	지혜	蹴球	축구
諮問	자문	振動	진동	縮尺	축척
潛水	잠수	診療	진료	衝突	충돌
暫時	잠시	塵土	진토	醉氣	취기
障碍	장애	振幅	진폭	趣味	취미
莊園	장원	疾病	질병	炊事	취사
匠人	장인	窒息	질식	勅書	칙서
災殃	재앙	懲罰	징벌	親戚	친척
裁判	재판			鍼灸	침구
顚倒	전도	**차**		沈默	침묵
絕叫	절규	錯雜	착잡	稱讚	칭찬
店鋪	점포	燦爛	찬란		
情緖	정서	慘狀	참상	**타**	
提携	제휴	蒼空	창공	墮落	타락
彫刻	조각	滄海	창해	琢磨	탁마
調劑	조제	遷都	천도	誕生	탄생
族閥	족벌	天賦	천부	奪取	탈취
拙稿	졸고	尖端	첨단	耽溺	탐닉
宗廟	종묘	添削	첨삭	貪慾	탐욕
縱橫	종횡	捷徑	첩경	胎氣	태기

太陽曆	태양력	亢星	항성		
颱風	태풍	解夢	해몽		
兎鼈歌	토별가	解剖	해부		
堆積	퇴적	核	핵		
透明	투명	許諾	허락		
特殊	특수	穴居	혈거		
		螢雪	형설		
파		胡亂	호란		
罷市	파시	酷寒	혹한		
把握	파악	魂魄	혼백		
播種	파종	混濁	혼탁		
霸權	패권	忽然	홀연		
偏西風	편서풍	洪水	홍수		
編輯	편집	華燭	화촉		
平衡	평형	擴大	확대		
廢鑛	폐광	還穀	환곡		
幣帛	폐백	幻想	환상		
弊社	폐사	闊葉	활엽		
抛棄	포기	回顧	회고		
葡萄糖	포도당	膾炙	회자		
捕虜	포로	獲得	획득		
飽和	포화	嚆矢	효시		
標準語	표준어	勳章	훈장		
		毀損	훼손		
하		休憩	휴게		
瑕疵	하자	戲曲	희곡		
虐待	학대	戲弄	희롱		
旱魃	한발	犠牲	희생		
函數	함수	稀少	희소		
含蓄	함축				
巷說	항설				

한자실력급수 자격시험
3급

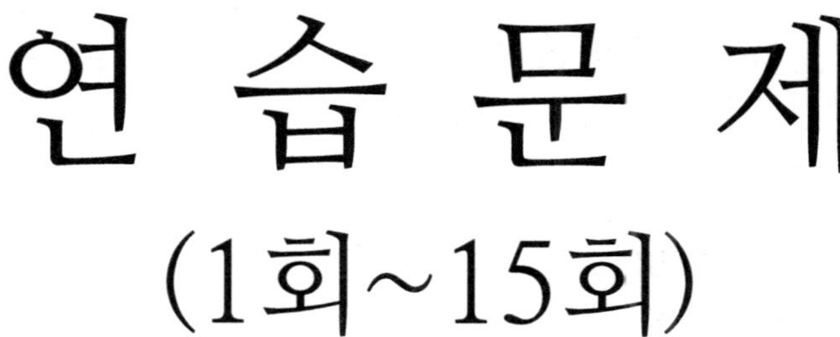

연 습 문 제
(1회~15회)

한자실력급수 자격시험 3급 연습문제 〈1〉

객관식 (1~30번)

※ [   ] 안의 한자와 음이 같은 한자는?

1. [係] ① 謹　② 宣　③ 械　④ 債
2. [寄] ① 克　② 奴　③ 複　④ 企
3. [演] ① 延　② 障　③ 征　④ 版
4. [籍] ① 返　② 績　③ 底　④ 羽
5. [環] ① 誌　② 署　③ 劍　④ 丸

※ [   ] 안의 한자와 뜻이 비슷하거나 같은 한자는?

6. [悠] ① 辱　② 遠　③ 銳　④ 般
7. [倉] ① 捨　② 糧　③ 庫　④ 供

※ [   ] 안의 한자와 뜻이 반대되거나 상대되는 한자는?

8. [姑] ① 婦　② 擇　③ 悔　④ 契
9. [易] ① 盜　② 難　③ 履　④ 批

※ 〈보기〉의 단어들과 가장 관련이 깊은 한자는?

10.

〈보기〉	수레	이동	회전

　① 司　② 條　③ 抗　④ 輪

11.

〈보기〉	점자	실명	지팡이

　① 涉　② 盲　③ 系　④ 株

12.

〈보기〉	값	물건	거래

　① 販　② 旬　③ 派　④ 泳

※ [   ] 안의 단어를 한자로 알맞게 쓴 것은?

13. 사찰의 음식은 자극적이지 않고 [담백]한 편이다.
　① 擔百　② 淡白　③ 淡百　④ 擔白
14. 그녀의 피부는 햇빛에 [민감]하다.
　① 民感　② 民甘　③ 敏甘　④ 敏感
15. 그는 그녀의 말을 [경청]하면서 중요한 내용은 틈틈이 메모하였다.
　① 傾聽　② 經淸　③ 傾淸　④ 經聽

※ 주어진 뜻에 알맞은 한자어는?

16. 모임에 공식적으로 초대를 받고 온 사람.
　① 廢鑛　② 誕生　③ 來賓　④ 闊葉
17. 잘 보살피고 지킴.
　① 恐慌　② 根據　③ 保護　④ 寬容
18. 하천에 덮개 구조물을 씌워 겉으로 보이지 않도록 함.
　① 屈伏　② 覆蓋　③ 琴瑟　④ 灣
19. 굳게 믿고 의지함.
　① 信賴　② 欺瞞　③ 祿俸　④ 謀議
20. 여행의 과정이나 일정.
　① 粒子　② 特殊　③ 賃金　④ 旅程
21. 계약이나 조약 따위를 정식으로 맺음.
　① 締結　② 顚倒　③ 超越　④ 蹴球
22. 언덕.
　① 拙稿　② 霸權　③ 嗜好　④ 丘陵
23. 남의 것을 억지로 빼앗아 가짐.
　① 暫時　② 奪取　③ 免疫　④ 勅書
24. 일이 되어가는 과정이나 형편.
　① 發掘　② 檢閱　③ 狀況　④ 安寧
25. 상대편의 공격을 막음.
　① 交替　② 飽和　③ 防禦　④ 鈍角

※ [   ] 안에 들어갈 한자어로 알맞은 것은?

26. 장애인 [   ]창출에 여러 기업들이 더욱 힘써야 한다.
　① 雇傭　② 添削　③ 瞬間　④ 脈絡
27. 그는 공금 횡령 혐의로 [   ]되었다.
　① 撒布　② 贈與　③ 嚆矢　④ 起訴
28. 그 배우는 운동으로 몸을 [   ]했다.
　① 脂肪　② 鍛鍊　③ 船舶　④ 幣帛
29. 우리는 충청도에 남아 있는 백제 시대 유적을 [   ] 하였다.
　① 煩惱　② 踏査　③ 崩壞　④ 自愧
30. 그녀의 칭찬이 나에게 큰 [   ]가 되었다.
　① 慰勞　② 驅使　③ 趣味　④ 相互

※ 한자의 훈과 음을 쓰시오.

주1. 距　　　（　　　　　　　　）
주2. 鹿　　　（　　　　　　　　）
주3. 盟　　　（　　　　　　　　）
주4. 妨　　　（　　　　　　　　）
주5. 資　　　（　　　　　　　　）
주6. 齊　　　（　　　　　　　　）
주7. 池　　　（　　　　　　　　）
주8. 態　　　（　　　　　　　　）
주9. 港　　　（　　　　　　　　）
주10. 亨　　　（　　　　　　　　）

※ 훈과 음에 맞는 한자를 〈보기〉에서 찾아 쓰시오.

〈보기〉	卜　岸　座　黨　潮　構　肺　聯　銅　離

주11. 얽을　　　구　　　（　　　　　）
주12. 잇닿을　　련　　　（　　　　　）
주13. 떠날　　　리　　　（　　　　　）
주14. 구리　　　동　　　（　　　　　）
주15. 자리　　　좌　　　（　　　　　）

※ 한자어의 독음을 한글로 쓰시오.

주16. 講壇　　（　　　　　　　　）
주17. 建築　　（　　　　　　　　）
주18. 規範　　（　　　　　　　　）
주19. 祈願　　（　　　　　　　　）
주20. 突破　　（　　　　　　　　）
주21. 侵攻　　（　　　　　　　　）
주22. 洗濯　　（　　　　　　　　）
주23. 消毒　　（　　　　　　　　）
주24. 訟事　　（　　　　　　　　）
주25. 運航　　（　　　　　　　　）
주26. 忍耐　　（　　　　　　　　）
주27. 殘額　　（　　　　　　　　）

주28. 俊傑　　（　　　　　　　　）
주29. 指揮　　（　　　　　　　　）
주30. 歎息　　（　　　　　　　　）
주31. 文鎭　　（　　　　　　　　）
주32. 對照　　（　　　　　　　　）

※ 〈보기〉의 뜻을 참고하여 ○ 안에 공통으로 들어갈 한자를 쓰시오.

주33. (1) ○席　(2) ○勤　　　（　　　　　）

〈보기〉	(1) 나가야 할 자리에 나가지 않음. (2) 근무해야 할 날에 나오지 않고 빠짐.

주34. (1) 一○　(2) ○通　　　（　　　　　）

〈보기〉	(1) 처음부터 끝까지 한결같음. (2) 꿰뚫어서 통함.

주35. (1) 協○　(2) ○成　　　（　　　　　）

〈보기〉	(1) 힘을 합하여 도움. (2) 다른 사람의 의견이나 제안 등을 좋다고 인정하여 동의함.

※ ○ 안에 공통으로 들어갈 한자를 〈보기〉에서 찾아 쓰시오.

〈보기〉	症　覺　測　刷　暇　裕

주36. 推○　　○量　　○定　　（　　　　　）
주37. 富○　　餘○　　○福　　（　　　　　）
주38. 痛○　　渴○　　○候 群　（　　　　　）

※ 문장에서 잘못 쓴 한자를 바르게 고쳐 쓰시오. (단, 음이 같은 한자로 고칠 것)

주39. 이번 대결은 1초의 차이로 勝付가 났다.

（　　　　→　　　　）

주40. 여기서부터는 비무장地貸이다.

（　　　　→　　　　）

※ [　] 안의 단어를 한자로 쓰시오.

주41. 선생님께 누를 끼친 것은 아닌 지 [염려]가 되었다.　　　　（　　　　　）
주42. 백조들이 [우아]하게 호수에서 노닐었다.

（　　　　　）

주43. 환경을 살리기 위한 새로운 방안을 [제시]
하였다.   (   )
주44. 교수님께서 유학생활 중에 있었던 재미난
[일화]를 들려주셨다.   (   )
주45. 그 친구는 의식적으로 나를 [회피]하고 있
다.   (   )

※ [   ] 안의 한자어의 독음을 쓰시오.
주46. 문화유산이 [毁損]되지 않도록 관리를 잘
해야 한다.   (   )
주47. 국어시간에 좋아하는 시를 [朗誦]하였다.
                             (   )
주48. 그는 선택의 [岐路]에서 방황하고 있다.
                             (   )
주49. 청소년은 나라의 [棟梁]이다.
                             (   )
주50. 구석기 시대의 사람들은 [猛獸]의 공격을
피하기 위해 동굴 앞에 불을 피웠다.
                             (   )
주51. 남의 것을 무조건 [模倣]하는 것은 바람직
하지 않다.   (   )
주52. 그는 여기저기 낭설을 유포하다가 결국 사
람들에게 [排斥]당했다.   (   )
주53. 아버지께서는 새 근무처로 [赴任]하셨다.
                             (   )
주54. 두 사람은 사람들 앞에서 사랑의 [誓約]을
했다.   (   )
주55. 일부 정치인의 [受賂] 사실이 폭로되자 큰
사회적 파장이 일었다.   (   )
주56. 기업들은 인재 채용에서 [年齡] 제한을 철
폐하는 추세이다.   (   )
주57. 용어의 [槪念]을 제대로 이해하여야 한다.
                             (   )
주58. [稱讚]은 다른 사람에게 자신감을 준다.
                             (   )
주59. 그가 발표한 일부 작품은 아직도 대중들 사
이에 [膾炙]되고 있다.   (   )

주60. 그는 전쟁에서 큰 공을 세워 [勳章]을 받
았다.   (   )
주61. 그녀는 회화보다는 [彫刻]에 소질을 보였
다.   (   )
주62. 상품권이 [僞造]되어 시중에 유통되고 있
다.   (   )
주63. 사실보다 해석이 더 중요함을 비유적으로
이르는 말로 '꿈보다 [解夢]이 좋다.'고 한
다.   (   )
주64. 물이 따뜻하여 [沐浴]하기에 알맞다.
                             (   )
주65. 3개의 건전지를 [竝列]로 연결하였다.
                             (   )

※ 한자성어의 설명을 읽고 ○ 안에 들어갈 한자를
쓰시오.
주66. 孤 ○ 無 ○   (,   )

[고립무원] 고립되어 도움을 받을 데가 없음.

주67. 虛 ○ 聲 ○   (,   )

[허장성세] 실속은 없으면서 큰소리치거나 허세를
부림.

주68. 面 ○○ 背   (,   )

[면종복배] 겉으로는 복종하는 체하면서 내심으로는
배반함.

주69. ○ 戰 苦 ○   (,   )

[악전고투] 매우 어려운 조건을 무릅쓰고 힘을 다
하여 고생스럽게 싸움.

주70. ○ 思 ○ 考   (,   )

[심사숙고] 깊이 잘 생각함.

– 수고하셨습니다 –

한자실력급수 자격시험 3급 연습문제 〈2〉

객관식 (1~30번)

※ [　] 안의 한자와 음(소리)이 같은 한자는?

1. [愚] ① 羽　② 擇　③ 最　④ 羅
2. [卜] ① 契　② 盡　③ 及　④ 伏
3. [囚] ① 堅　② 修　③ 値　④ 件
4. [延] ① 履　② 寶　③ 宴　④ 得
5. [裝] ① 批　② 丈　③ 李　④ 短

※ [　] 안의 한자와 뜻이 비슷하거나 같은 한자는?

6. [督] ① 授　② 開　③ 監　④ 壤
7. [濯] ① 洗　② 涯　③ 辱　④ 皆

※ [　] 안의 한자와 뜻이 반대되거나 상대되는 한자는?

8. [離] ① 尺　② 警　③ 危　④ 合
9. [弔] ① 版　② 征　③ 慶　④ 格

※ 〈보기〉의 단어들과 가장 관련이 깊은 한자는?

10.

〈보기〉	송곳	칼날	바늘

　① 銳　② 惠　③ 總　④ 均

11.

〈보기〉	결혼	배필	부부

　① 署　② 姻　③ 劍　④ 線

12.

〈보기〉	그물	뜨개질	모임

　① 哉　② 茶　③ 吹　④ 組

※ [　] 안의 단어를 한자로 알맞게 쓴 것은?

13. 눈앞에 펼쳐진 금강산의 [우아]한 자태에 그만 넋을 잃고 말았다.
　① 郵雅　② 郵亞　③ 優亞　④ 優雅
14. 친구와 함께 책상을 [정리]했다.
　① 整理　② 亭吏　③ 整吏　④ 亭理
15. 어머니의 말을 듣지 않았던 것을 [후회]했다.
　① 候會　② 後悔　③ 後會　④ 候悔

※ 주어진 뜻에 알맞은 한자어는?

16. 남의 잘못을 너그럽게 받아들이거나 용서함.
　① 診療　② 寬容　③ 旋回　④ 誇張

17. 남을 속여 넘김.
　① 贈與　② 純粹　③ 腰痛　④ 欺瞞
18. 식어서 차게 됨.
　① 冷却　② 添削　③ 幣帛　④ 擴大
19. 따돌리거나 거부하여 밀어 내침.
　① 模倣　② 排斥　③ 膾炙　④ 媒體
20. 임명이나 발령을 받아 근무할 곳으로 감.
　① 缺陷　② 透明　③ 赴任　④ 地震
21. 아이를 낳음.
　① 鼻腔　② 分娩　③ 肖像　④ 蹴球
22. 긴장된 상태나 급박한 것을 느슨하게 함.
　① 緩和　② 嚆矢　③ 交替　④ 鈍角
23. 있는 힘을 다하여 절절하고 애타게 부르짖음.
　① 需要　② 免疫　③ 絕叫　④ 縱橫
24. 물건을 늘어놓고 파는 곳.
　① 岐路　② 主軸　③ 比喩　④ 店鋪
25. 몹시 괴롭히거나 가혹하게 대우함.
　① 檢閱　② 勅書　③ 虐待　④ 發掘

※ [　] 안에 들어갈 한자어로 알맞은 것은?

26. 국경일에는 국기를 [　]해야 한다.
　① 揭揚　② 憐憫　③ 陋名　④ 裁判
27. 신축 [　]은 병원 주차장과 연결되어 있다.
　① 家畜　② 病棟　③ 簡單　④ 氣壓
28. 다양한 의견을 폭넓게 [　]하여 정책을 결정해야한다.
　① 抽出　② 隆盛　③ 障碍　④ 收斂
29. 정부는 전문가의 [　]을 받아 개발 제한구역을 해제하였다.
　① 運搬　② 諮問　③ 彫刻　④ 白鹿潭
30. 그는 취재진의 질문 공세에 시종일관 [　]을 지켰다.
　① 霸權　② 來賓　③ 多汗症　④ 沈默

주관식 (주1~주70번)

※ 한자의 훈과 음을 쓰시오.

주1. 傾　　（　　　　　　　）

주2. 耐　　（　　　　　　　）

주3. 帶　　（　　　　　　　）

주4. 銅　　（　　　　　　　）

주5. 範　　（　　　　　　　）

주6. 肥　　（　　　　　　　）

주7. 援　　（　　　　　　　）

주8. 誌　　（　　　　　　　）

주9. 秩　　（　　　　　　　）

주10. 享　　（　　　　　　　）

※ 훈과 음에 맞는 한자를 〈보기〉에서 찾아 쓰시오.

〈보기〉	此 克 舍 盟 幾 輩 藥 債 涉 超

주11. 맹세　　맹　　（　　　　　　　）

주12. 무리　　배　　（　　　　　　　）

주13. 건널　　섭　　（　　　　　　　）

주14. 빚　　채　　（　　　　　　　）

주15. 넘을　　초　　（　　　　　　　）

※ 한자어의 독음을 한글로 쓰시오.

주16. 激情　　（　　　　　　　）

주17. 貫通　　（　　　　　　　）

주18. 構築　　（　　　　　　　）

주19. 畿湖　　（　　　　　　　）

주20. 盲腸　　（　　　　　　　）

주21. 背泳　　（　　　　　　　）

주22. 補償　　（　　　　　　　）

주23. 索引　　（　　　　　　　）

주24. 巡察　　（　　　　　　　）

주25. 停刊　　（　　　　　　　）

주26. 諸般　　（　　　　　　　）

주27. 朝廷　　（　　　　　　　）

주28. 追慕　　（　　　　　　　）

주29. 側近　　（　　　　　　　）

주30. 爆彈　　（　　　　　　　）

주31. 避暑　　（　　　　　　　）

주32. 咸池　　（　　　　　　　）

※ 〈보기〉의 뜻을 참고하여 ○ 안에 공통으로 들어갈 한자를 쓰시오.

주33. (1) ○置　(2) 打○　　（　　　　）

〈보기〉	(1) 차례나 위치 따위를 서로 뒤바꿈. (2) 어떤 대상이나 세력을 쳐서 거꾸러뜨림.

주34. (1) ○悟　(2) 味○　　（　　　　）

〈보기〉	(1) 앞으로 해야 할 일이나 겪을 일에 대한 마음의 준비. (2) 맛을 느끼는 감각.

주35. (1) 感○　(2) ○心　　（　　　　）

〈보기〉	(1) 감격하여 마음에 깊이 새김. (2) 잊지 않도록 마음에 깊이 새겨 둠.

※ ○ 안에 공통으로 들어갈 한자를 〈보기〉에서 찾아 쓰시오.

〈보기〉	占 系 非 宣 妥 謹

주36. 太陽○　　○列　　○譜　　（　　　　）

주37. 獨○　　○居　　○有　　（　　　　）

주38. ○當　　○協　　○結　　（　　　　）

※ 문장에서 잘못 쓴 한자를 바르게 고쳐 쓰시오. (단, 음이 같은 한자로 고칠 것)

주39. 완성된 原故를 출판사로 보냈다.

（　　　　→　　　　）

주40. 사람은 항상 새로운 것을 배우고 익히려는 慈勢를 가져야 한다. （　　　→　　　）

※ [　] 안의 단어를 한자로 쓰시오.

주41. 그 선수는 첫 출전에 대한 긴장 때문에 매우 [경직]되어 있다. （　　　　　）

주42. 타인의 창작물을 무단으로 [도용]해서는 안 된다. （　　　　　）

주43. 그는 [약관]의 나이에 장수로서 큰 업적을 남겼다. （　　　　　）

주44. 그는 극적인 결승골을 넣으며 공격수로서의 [**저력**]을 과시했다.　　　(　　　　　)

주45. 열기구 관광 상품이 8월 [**중순**]부터 출시될 예정이다.　　　(　　　　　)

※ [　　] 안의 한자어의 독음을 쓰시오.

주46. 경주에는 신라시대 [古墳]이 많이 남아 있다.　　　(　　　　　)

주47. 우리나라의 아름다운 자연 경관을 '[錦繡] 강산'이라 부르기도 한다. (　　　　　)

주48. 검찰은 그들을 뇌물수수 혐의로 [起訴]하였다.　　　(　　　　　)

주49. 조사해보니 화재의 원인은 [漏電]이었던 것으로 드러났다.　　　(　　　　　)

주50. [塗褙]를 다시 하니 새집으로 이사 온 것 같다.　　　(　　　　　)

주51. 애국지사들은 일제의 탄압에 맞서 비밀리에 군사 작전을 [謀議]했다. (　　　　　)

주52. 세 사람은 새로운 곳으로 [冒險]을 떠났다.　　　(　　　　　)

주53. 1박 2일의 짧은 [旅程]을 마치고, 집으로 돌아왔다.　　　(　　　　　)

주54. 컴퓨터에는 많은 [附屬]품이 들어간다.　　　(　　　　　)

주55. 그의 말에는 [蛇足]이 너무 많다.　　　(　　　　　)

주56. 돼지는 복과 재물을 뜻하는 동물인 동시에 탐욕과 게으름 등으로 [象徵]되기도 한다.　　　(　　　　　)

주57. 거대한 [船舶]들이 항구에 즐비하였다.　　　(　　　　　)

주58. 구석기 시대에는 [狩獵]과 채집을 통해 식량을 조달했다.　　　(　　　　　)

주59. 그의 제보가 [搜査]에 중요한 단서가 되었다.　　　(　　　　　)

주60. 이 물질은 [燃燒]할 때 유독가스를 배출한다.　　　(　　　　　)

주61. 이 [宮殿]은 바로크 양식의 대표적인 건물로 손꼽힌다.　　　(　　　　　)

주62. 선지는 소의 피를 [凝固]시킨 식재료이다.　　　(　　　　　)

주63. 공정과 [淸廉]은 정치하는 사람이 갖추어야 할 가장 큰 덕목이다. (　　　　　)

주64. 유통기한을 [巧妙]하게 속여 물건을 팔아 온 업자가 검찰에 적발되었다.　　　(　　　　　)

주65. 끈질긴 요청 끝에 [許諾]을 얻어냈다.　　　(　　　　　)

※ 한자성어의 설명을 읽고 ○ 안에 들어갈 한자를 쓰시오.

주66. 捨生○○　　　(　　　,　　　)

> [**사생취의**] 목숨을 버리고 의를 좇는다는 뜻으로, 목숨을 버릴지언정 옳은 일을 함을 이르는 말.

주67. ○顔無○　　　(　　　,　　　)

> [**후안무치**] 낯가죽이 두꺼워 뻔뻔하고 부끄러움을 모름

주68. 快刀○○　　　(　　　,　　　)

> [**쾌도난마**] 잘 드는 칼로 마구 헝클어진 삼 가닥을 자른다는 뜻으로, 어지럽게 뒤얽힌 사물을 강력한 힘으로 명쾌하게 처리함을 이르는 말.

주69. 東○○走　　　(　　　,　　　)

> [**동분서주**] 동쪽으로 뛰고 서쪽으로 뛴다는 뜻으로, 사방으로 이리저리 몹시 바쁘게 돌아다님을 이르는 말.

주70. ○母斷○　　　(　　　,　　　)

> [**맹모단기**] 맹자가 학업을 중단하고 돌아왔을 때에, 그 어머니가 짜던 베를 잘라서 학문을 중도에 그만둔 것을 훈계한 일을 이르는 말.

– 수고하셨습니다 –

한자실력급수 자격시험 3급 연습문제 〈3〉

객관식 (1~30번)

※ [   ] 안의 한자와 음이 같은 한자는?

1. [拳]　① 薄　② 勸　③ 姦　④ 籍
2. [紀]　① 氣　② 寅　③ 察　④ 篇
3. [泳]　① 權　② 倉　③ 營　④ 拓
4. [郵]　① 卽　② 希　③ 群　④ 宇
5. [項]　① 貢　② 戌　③ 恒　④ 健

※ [   ] 안의 한자와 뜻이 비슷하거나 같은 한자는?

6. [險]　① 兼　② 危　③ 遊　④ 癸
7. [了]　① 終　② 履　③ 批　④ 壤

※ [   ] 안의 한자와 뜻이 반대되거나 상대되는 한자는?

8. [缺]　① 値　② 擇　③ 契　④ 出
9. [昏]　① 威　② 爆　③ 耐　④ 明

※ 〈보기〉의 단어들과 가장 관련이 깊은 한자는?

10.

〈보기〉	날	베기	무기

　① 突　② 劍　③ 賤　④ 閑

11.

〈보기〉	노	사공	나루터

　① 炭　② 毒　③ 舟　④ 謹

12.

〈보기〉	기타	가야금	바이올린

　① 絃　② 兆　③ 涼　④ 均

※ [   ] 안의 단어를 한자로 알맞게 쓴 것은?

13. 우리나라는 여러 나라와 경제 [동맹]을 맺었다.
　① 冬盟　② 冬孟　③ 同孟　④ 同盟
14. 가족들과 자연휴양림으로 [피서]를 다녀왔다.
　① 避庶　② 被庶　③ 避暑　④ 被暑
15. 칼은 사용 후에 잘 닦아서 [보관]해야 한다.
　① 普冠　② 保管　③ 保冠　④ 普管

※ 주어진 뜻에 알맞은 한자어는?

16. 소수의 대기업에 의해 시장이 지배되고 있는 불완전경쟁의 상태.
　① 寡占　② 親戚　③ 獲得　④ 睡眠
17. 사람이나 사물을 다른 사람이나 사물로 대신하여 바꿈.
　① 狀況　② 遷都　③ 交替　④ 愼重
18. 외따로 뚝 떨어져 있는 궁벽한 땅.
　① 捷徑　② 夭折　③ 溶解　④ 僻地
19. 매우 드물고 적음.
　① 稀少　② 卑俗語　③ 赦免　④ 旅程
20. 보름달이 된 때부터 다음 보름달이 될 때까지, 또는 초승달이 된 때에서 다음 초승달이 될 때까지의 시간.
　① 週末　② 朔望月　③ 奪取　④ 令孃
21. 참선을 통한 내적 관찰과 자기 성찰로 깨달음을 추구하는 불교 종파.
　① 丘陵　② 禪宗　③ 堆積　④ 慨歎
22. 나누어 맡은 구실. 자기가 하여야 할 일.
　① 未畢　② 激勵　③ 役割　④ 瓜年
23. 오줌을 방광으로부터 몸 밖으로 배출하기 위한 관.
　① 苗木　② 彫刻　③ 白鹿潭　④ 尿道
24. 녹인 쇠붙이를 거푸집에 부어 물건을 만듦.
　① 鑄造　② 似而非　③ 沐浴　④ 懲罰
25. 필요한 부분만을 뽑아서 적음.
　① 敎鞭　② 抄錄　③ 鼻腔　④ 畏敬

※ [   ] 안에 들어갈 한자어로 알맞은 것은?

26. 사회자가 참석자들에게 [   ]들을 소개하였다.
　① 書翰　② 旱魃　③ 幻想　④ 來賓
27. 일부 [   ] 환자는 터치스크린 방식의 입력에 어려움을 겪는다.
　① 多汗症　② 犧牲　③ 膠着　④ 飜譯
28. 착하고 순한 사람은 흔히 양에 [   ]된다.
　① 含蓄　② 訃告　③ 比喩　④ 拔萃
29. 이 식물은 특이한 방식으로 [   ]하여 열매를 맺는다.
　① 生殖　② 鍛鍊　③ 拘束　④ 凱旋

30. 그녀는 여행 중에 보고 듣고 느낀 것을 [   ]하
여 책으로 출간하였다.
    ① 崩壞   ② 主軸   ③ 敍述   ④ 附屬

주관식 (주1~주70번)

※ 한자의 훈과 음을 쓰시오.
주1. 輩   (   )
주2. 恭   (   )
주3. 黨   (   )
주4. 輪   (   )
주5. 粉   (   )
주6. 樣   (   )
주7. 張   (   )
주8. 硬   (   )
주9. 築   (   )
주10. 憲   (   )

※ 훈과 음에 맞는 한자를 〈보기〉에서 찾아 쓰시오.

〈보기〉	斤 吏 亞 妥 券 照 付 攻 肺 距

주11. 칠   공   (   )
주12. 도끼   근   (   )
주13. 아전   리   (   )
주14. 부칠   부   (   )
주15. 버금   아   (   )

※ 한자어의 독음을 한글로 쓰시오.
주16. 介入   (   )
주17. 高額   (   )
주18. 基礎   (   )
주19. 全般   (   )
주20. 亨通   (   )
주21. 返納   (   )
주22. 繁昌   (   )
주23. 分水嶺 (   )
주24. 刷新   (   )

주25. 細菌   (   )
주26. 殘香   (   )
주27. 確固   (   )
주28. 支柱   (   )
주29. 彈丸   (   )
주30. 包圍   (   )
주31. 弘報   (   )
주32. 環境   (   )

※ 〈보기〉의 뜻을 참고하여 ○ 안에 공통으로 들어
갈 한자를 쓰시오.
주33. (1) ○星 (2) 防○   (   )

〈보기〉	(1) 행성의 인력에 의하여 그 둘레를 도는 천체. (2) 적의 공격이나 침략을 막아서 지킴.

주34. (1) ○情 (2) ○列   (   )

〈보기〉	(1) 실정을 털어놓고 말함. (2) 상품이나 물건을 여러 사람에게 보이기 위하여 죽 벌여 놓음.

주35. (1) ○助 (2) ○完   (   )

〈보기〉	(1) 모자라거나 넉넉지 못한 것을 보태어 도움. (2) 부족한 것을 보충하여 완전하게 함.

※ ○ 안에 공통으로 들어갈 한자를 〈보기〉에서 찾
아 쓰시오.

〈보기〉	周 奇 栗 姻 銳 濯

주36. ○妙   ○數   ○緣   (   )
주37. ○邊   低○波   一○   (   )
주38. ○利   ○敏   精○   (   )

※ 문장에서 잘못 쓴 한자를 바르게 고쳐 쓰시오.
(단, 음이 같은 한자로 고칠 것)
주39. 그녀는 부모님의 조언을 命心하면서 실패
    를 이겨냈다.   (→   )
주40. 그는 운전 중 도로의 제한속도를 招過하여
    범칙금을 납부하였다. (→   )

※ [   ] 안의 단어를 한자로 쓰시오.
주41. 신기술 개발에는 적극적인 [투자]와 지원이
    필요하다.   (   )

주42. 그녀는 자신의 의결권을 그들에게 [위임]하
   였다.   (   )
주43. 전라남도 담양은 조선 중기에 [정자]를 중
   심으로 한 가사 문학의 산실로 유명하다.
                                    (   )
주44. 교도관의 감시가 잠시 소홀해진 틈을 타 탈옥
   했던 [죄수]가 되잡혔다.   (   )
주45. [흉측]한 범죄를 저지르고 다니던 악당이
   결국 체포되었다.   (   )

※ [   ] 안의 한자어의 독음을 쓰시오.
주46. 그는 각종 [家畜]을 돌보느라 바빴다.
                                    (   )
주47. 다문화 가정에서는 서로의 문화를 이해하지
   못해 [葛藤]이 빚어지기도 한다.
                                    (   )
주48. 그는 빈부 [隔差]를 없애고 모두가 잘사는 사
   회를 만들기 위해 노력했다.   (   )
주49. 소나무 그늘 아래에서 두 [老翁]이 바둑을
   두고 있었다.   (   )
주50. [雷電]은 한여름에 기층이 불안정할 때 자
   주 나타난다.   (   )
주51. 두 사람이 오랜만에 마주앉아 [對酌]하면
   서 회포를 풀었다.   (   )
주52. 옹기 제작을 업으로 하는 사람을 [陶工]이
   라 한다.   (   )
주53. 폭설로 조난을 당한 등산객이 [凍死]하고
   말았다.   (   )
주54. 이곳에는 많은 양의 원유와 천연가스가 [埋藏]
   되어 있다.   (   )
주55. 그는 항상 [謙遜]해서 주위로부터 존경의
   대상이다.   (   )
주56. 그는 당시 주위 사람들에게 [狂人] 취급을
   받았다.   (   )
주57. 연말 시상식에서 여러 [俳優]들이 인상 깊
   은 수상 소감을 남겼다.   (   )
주58. 그의 학문 세계는 [伯父]로부터 많은 영향
   을 받았다.   (   )

주59. 한밤중 전조등을 끄고 달리는, [所謂] ‘스텔스
   차량’은 사고 위험이 높다. (   )
주60. 지금이 가장 중요한 [瞬間]이다.
                                    (   )
주61. 붉은 팥죽은 액운을 물리치고 [安寧]을 기
   원하며 먹는 음식이다.   (   )
주62. 그의 쾌활한 웃음 [裏面]에는 외로움이 서
   려 있다.   (   )
주63. 노사가 [賃金] 인상안에 대해 의견 차이를
   보였다.   (   )
주64. 설탕이나 탄수화물은 [葡萄糖]의 형태로
   혈액을 통해 온몸으로 퍼진다.
                                    (   )
주65. [核]은 세포의 생명 활동에 가장 중요한
   요소이다.   (   )

※ 한자성어의 설명을 읽고 ○ 안에 들어갈 한자를
   쓰시오.
주66. ○ 餘 之 ○   (,   )

[궁여지책] 궁한 나머지 마지못하여 짜낸 계책.

주67. 不 ○ 下 ○   (,   )

[불치하문] 아랫사람에게 묻기를 부끄러워하지 않
음.

주68. 氷 ○ ○ 質   (,   )

[빙자옥질] ‘얼음같이 깨끗한 모습과 옥같이 아름다
운 자질’이라는 뜻으로, 매화를 이르는 말.

주69. ○ ○ 應 變   (,   )

[임기응변] 그때그때 처한 사태에 맞추어 즉각 그
자리에서 결정하거나 처리함.

주70. ○ 行 逆 ○   (,   )

[도행역시] 차례나 순서를 바꾸어서 행함.

– 수고하셨습니다 –

한자실력급수 자격시험 3급 연습문제 〈4〉

객관식 (1~30번)

※ [　] 안의 한자와 음이 같은 한자는?

1. [械] ①貝　②繼　③霜　④督
2. [般] ①旬　②利　③閉　④班
3. [齊] ①際　②經　③管　④裕
4. [置] ①顔　②抵　③治　④著
5. [被] ①礎　②承　③避　④吟

※ [　] 안의 한자와 뜻이 비슷하거나 같은 한자는?

6. [傑] ①俊　②畫　③疑　④虛
7. [擇] ①訟　②哲　③弱　④選

※ [　] 안의 한자와 뜻이 반대되거나 상대되는 한자는?

8. [辱] ①債　②榮　③尙　④硬
9. [愚] ①豊　②巡　③恨　④賢

※ 〈보기〉의 단어들과 가장 관련이 깊은 한자는?

10.

〈보기〉	송이	표고	영지

①照　②券　③菌　④肺

11.

〈보기〉	환승	정차	철도

①驛　②咸　③苟　④吐

12.

〈보기〉	편지	배송	집배원

①娘　②郵　③麻　④系

※ [　] 안의 단어를 한자로 알맞게 쓴 것은?

13. 멈춰버린 기계의 [전지]를 교체하였다.
　　①電池　②展誌　③電誌　④展池
14. 이번 상담이 진로를 결정하는 [계기]가 되었다.
　　①階機　②階旣　③契旣　④契機
15. 그는 글을 쓰다가 막히면 집 앞 공원에서 [산책]을 한다.
　　①散責　②算責　③散策　④算策

※ 주어진 뜻에 알맞은 한자어는?

16. 필요 이상의 돈이나 물건을 써버림.
　　①店鋪　②奢侈　③宮闕　④伴侶
17. 두 입술 사이에서 나는 소리.
　　①脣音　②抛棄　③裁判　④利潤
18. 염화 수소의 수용액. 물감, 합성수지, 조미료, 약품 따위를 만드는 데 쓰임.
　　①祠堂　②昇華　③鹽酸　④鼓吹
19. 나무가 빽빽하게 우거지고 푸름.
　　①超越　②貪慾　③胎氣　④鬱蒼
20. 목구멍. 식도와 기도로 통하는 입속 깊숙한 곳.
　　①播種　②咽喉　③稻作　④自愧
21. 몹시 심한 추위.
　　①酷寒　②親戚　③沒入　④交換
22. 뜻하지 아니하게 갑자기.
　　①淸廉　②忽然　③寬容　④病棟
23. 어떤 일이 일어난 바로 그때.
　　①寡占　②粒子　③瞬間　④紐帶
24. 나무나 풀이 말라 죽음.
　　①貢獻　②穴居　③揷畫　④枯死
25. 더럽게 물듦. 환경을 훼손함.
　　①汚染　②潛水　③偏西風　④誹謗

※ [　] 안에 들어갈 한자어로 알맞은 것은?

26. 그는 [　]된 역사를 바로잡기 위해 증거를 수집했다.
　　①週末　②跳躍　③綿織　④歪曲
27. 회의를 통해 내년 예산 운용에 관한 대체적인 [　]을 잡았다.
　　①寺刹　②輪廓　③許諾　④安寧
28. 약국은 병원에서 처방한 대로 약을 [　]한다.
　　①誤謬　②頻度　③調劑　④奪取
29. [　]한 우리의 문화유산들을 소중히 아끼고 관리해야 한다.
　　①令孃　②氾濫　③燦爛　④厄運
30. 그는 문제의 본질을 [　]하고 대안을 제시했다.
　　①把握　②忌憚　③敦篤　④揭揚

주관식 (주1~주70번)

※ 한자의 훈과 음을 쓰시오.

주1. 詐　　（　　　　　　）
주2. 聯　　（　　　　　　）
주3. 芳　　（　　　　　　）
주4. 償　　（　　　　　　）
주5. 緣　　（　　　　　　）
주6. 儀　　（　　　　　　）
주7. 底　　（　　　　　　）
주8. 株　　（　　　　　　）
주9. 塔　　（　　　　　　）
주10. 鬪　　（　　　　　　）

※ 훈과 음에 맞는 한자를 〈보기〉에서 찾아 쓰시오.

〈보기〉	差 栗 毒 薄 響 耐 踐 敏 辯 蓮

주11. 밤　　률　　（　　　　）
주12. 독　　독　　（　　　　）
주13. 견딜　내　　（　　　　）
주14. 엷을　박　　（　　　　）
주15. 어긋날　차　　（　　　　）

※ 한자어의 독음을 쓰시오.

주16. 覺悟　　（　　　　　　）
주17. 降臨　　（　　　　　　）
주18. 彼岸　　（　　　　　　）
주19. 故障　　（　　　　　　）
주20. 光澤　　（　　　　　　）
주21. 構造　　（　　　　　　）
주22. 寄與　　（　　　　　　）
주23. 揮帳　　（　　　　　　）
주24. 架空　　（　　　　　　）
주25. 批評　　（　　　　　　）
주26. 成熟　　（　　　　　　）
주27. 梅實　　（　　　　　　）

주28. 堤防　　（　　　　　　）
주29. 陳述　　（　　　　　　）
주30. 菜蔬　　（　　　　　　）
주31. 思慮　　（　　　　　　）
주32. 粉乳　　（　　　　　　）

※ 〈보기〉의 뜻을 참고하여 ○ 안에 공통으로 들어갈 한자를 쓰시오.

주33. (1) 感○ (2) ○烈　　（　　　　）

〈보기〉	(1) 마음에 깊이 느끼어 크게 감동함. (2) 말이나 행동이 세차고 사나움.

주34. (1) ○當 (2) 負○　　（　　　　）

〈보기〉	(1) 어떤 일을 맡음. (2) 어떠한 의무나 책임을 짐.

주35. (1) ○近 (2) 兩○　　（　　　　）

〈보기〉	(1) 곁의 가까운 곳. (2) 두 편. 양쪽의 측면.

※ ○ 안에 공통으로 들어갈 한자를 〈보기〉에서 찾아 쓰시오.

〈보기〉	柔 戀 役 移 味 銘

주36. ○心　　座右○　　感○　　（　　　　）
주37. 使○　　配○　　主○　　（　　　　）
주38. 加○　　別○　　甘○料　　（　　　　）

※ 문장에서 잘못 쓴 한자를 바르게 고쳐 쓰시오.
(단, 음이 같은 한자로 고칠 것)

주39. 전국에 계엄령이 鮮布되었다.
　　　　　　（　　　→　　　）

주40. 여러 식물의 細浦를 현미경으로 관찰하였다.
　　　　　　（　　　→　　　）

※ [　] 안의 단어를 한자로 쓰시오.

주41. 그는 범행 도중에 혼자 [도주]하였으나 결국 체포되었다.　（　　　　）
주42. 그는 각종 공모전에 [응모]하여 여러 차례 수상하였다.　（　　　　）
주43. 그녀는 두근거리는 가슴을 [진정]하려고 애썼다.　（　　　　）

주44. 한국의 근대화는 조선말기의 [**개항**]을 통해 이루어 졌다.　　　　　(　　　　　)

주45. 건강을 위해 특별히 제조한 [**환약**]을 3개월 간 꾸준히 복용했다.　　(　　　　　)

※ [　] 안의 한자어의 독음을 쓰시오.

주46. 그녀에 대한 [幻想]이 산산이 깨졌다.　　　　　　　　　　　　　(　　　　　)

주47. 그는 지쳐 잠든 아이의 모습을 [憐憫]에 찬 시선으로 바라보았다.　(　　　　　)

주48. 그는 이 책을 영어로 [飜譯]하였다.　　　　　　　　　　　　　(　　　　　)

주49. 그는 평소 8시간의 [睡眠]을 취한다.　　　　　　　　　　　　(　　　　　)

주50. 유가족에게 심심한 [哀悼]의 뜻을 표하였다.　　　　　　　　　(　　　　　)

주51. 그의 행동은 [傲慢]하고 불손하였다.　　　　　　　　　　　　(　　　　　)

주52. [提携] 기업의 광고가 포털 사이트 상단에 게시되었다.　　　　　(　　　　　)

주53. 컴퓨터가 고장 나서 일 처리가 [遲滯]되고 있다.　　　　　　　(　　　　　)

주54. 홍수로 인해 문화재가 사라졌다는 소식에 시민들의 마음은 [錯雜]했다.　(　　　　　)

주55. 음주 운전자가 일으킨 교통사고의 [慘狀]은 차마 볼 수 없는 것이었다.(　　　　　)

주56. 이번 강연회에 [招聘]된 강사는 이 분야에서 최고의 권위자이다.　(　　　　　)

주57. 국립공원에서는 자연보호를 위해 [炊事]를 금하고 있다.　　　　(　　　　　)

주58. 당국은 국군 [捕虜]가족의 안전한 송환을 위해 외교적 절차를 마련하기로 하였다.　　　　　　　　　　　　　(　　　　　)

주59. 아무런 [瑕疵]가 없는 물건만이 제값을 받을 수 있다.　　　　　(　　　　　)

주60. 예로부터 일반 백성들 사이에 전해 내려오는 이야기를 [民譚]이라고 한다.　　　　　　　　　　　　　(　　　　　)

주61. 사이버 공간에서 자신의 이름을 드러내지 않는 [匿名性]이 사회적으로 문제가 되고 있다.　　　　　　　(　　　　　)

주62. 어머니의 쾌유를 위해 간절히 [祈禱]하였다.　　　　　　　　　(　　　　　)

주63. [拙稿]를 읽고 칭찬해 주신 선생님께 감사드린다.　　　　　　　(　　　　　)

주64. 열심히 노력하여 성적을 [上位圈]으로 끌어올렸다.　　　　　　(　　　　　)

주65. 책장에 선집과 사전류, 문학 [叢書]가 빼곡히 들어차 있다.　　　(　　　　　)

※ 한자성어의 설명을 읽고 ○ 안에 들어갈 한자를 차례대로 쓰시오.

주66. ○己復○　　　　　　　(　　，　　)

[극기복례] 자신의 욕심을 버리고 사람이 본래 지녀야 할 예의와 법도를 따르는 마음으로 되돌아감.

주67. ○覽強○　　　　　　　(　　，　　)

[박람강기] 책을 널리 많이 읽고 기억을 잘함.

주68. 進○○谷　　　　　　　(　　，　　)

[진퇴유곡] 나아갈 수도 물러설 수도 없는 궁지.

주69. ○○之計　　　　　　　(　　，　　)

[고식지계] 우선 당장 편한 것만을 택하는 꾀나 방법. 한때의 안정을 얻기 위하여 임시로 둘러맞추어 처리하거나 이리저리 주선하여 꾸며 내는 계책을 이른다.

주70. 難○不○　　　　　　　(　　，　　)

[난공불락] 공격하기 어려워 좀처럼 함락되지 아니함.

- 수고하셨습니다 -

한자실력급수 자격시험 3급 연습문제 〈5〉

객관식 (1~30번)

※ [　] 안의 한자와 음이 같은 한자는?

1. [講] ① 段　② 貫　③ 康　④ 判
2. [履] ① 社　② 離　③ 源　④ 禁
3. [某] ① 募　② 寅　③ 凡　④ 怨
4. [庶] ① 丑　② 丹　③ 施　④ 署
5. [鉛] ① 希　② 卯　③ 研　④ 祈

※ [　] 안의 한자와 뜻이 비슷하거나 같은 한자는?

6. [租] ① 諸　② 稅　③ 否　④ 妙
7. [哲] ① 認　② 變　③ 修　④ 明

※ [　] 안의 한자와 뜻이 반대되거나 상대되는 한자는?

8. [賤] ① 貴　② 額　③ 付　④ 郞
9. [攻] ① 邦　② 模　③ 防　④ 舟

※ 〈보기〉의 단어들과 가장 관련이 깊은 한자는?

10.

〈보기〉	햄	편육	삼겹살

　① 克　② 豚　③ 抵　④ 稿

11.

〈보기〉	타로	사주	별자리

　① 占　② 組　③ 測　④ 委

12.

〈보기〉	화약	수류탄	미사일

　① 底　② 吏　③ 暇　④ 爆

※ [　] 안의 단어를 한자로 알맞게 쓴 것은?

13. 사람은 익숙한 것을 편안하게 여기는 [**경향**]이 있다.
　① 京向　② 京鄕　③ 傾鄕　④ 傾向
14. 공주와 부여에는 [**백제**]의 옛 성터가 남아 있다.
　① 白帝　② 百濟　③ 百帝　④ 白濟
15. 신진 작가들이 새로운 문예 [**사조**]를 형성하였다.
　① 思潮　② 使朝　③ 思朝　④ 使潮

※ 주어진 뜻에 알맞은 한자어는?

16. 있어야 할 것이 없어지거나 모자람.
　① 傲慢　② 錯雜　③ 缺乏　④ 沈默
17. 간사하고 꾀가 많음.
　① 翌日　② 憐憫　③ 狡猾　④ 乾燥
18. 마음과 힘을 다하여 떨쳐 일어남
　① 宮闕　② 衝突　③ 慨歎　④ 奮發
19. 젊은 나이에 죽음.
　① 夭折　② 伴侶　③ 役割　④ 哀悼
20. 물질이 액체 속에 균일하게 녹아 용액이 됨.
　① 年齡　② 溶解　③ 苦悶　④ 覆蓋
21. 얻어 가짐.
　① 遷都　② 華燭　③ 休憩　④ 獲得
22. 아직 끝내지 못함.
　① 僻地　② 遞增　③ 未畢　④ 頃刻
23. 추잡하고 좋지 못한 소문.
　① 醜聞　② 屈伏　③ 收斂　④ 瓜年
24. 힘으로 으르고 공포심을 일으킴.
　① 塵土　② 威脅　③ 輪廓　④ 酷寒
25. 사로잡은 적.
　① 憎惡　② 稀少　③ 保護　④ 捕虜

※ [　] 안에 들어갈 한자어로 알맞은 것은?

26. 그녀는 합격자 발표를 앞두고 몹시 [　]하였다.
　① 緊張　② 徐行　③ 倭亂　④ 森林
27. 안전을 위해 전선과 [　] 차단기를 점검했다.
　① 鬼神　② 汚染　③ 漏電　④ 疾病
28. 바른 언어생활을 위해 [　]는 사용하지 말아야 한다.
　① 醉氣　② 卑俗語　③ 描寫　④ 惡臭
29. 아기가 [　]에서 새근새근 자고 있다.
　① 分析　② 縮尺　③ 靈魂　④ 搖籃
30. 큰 [　]도 처음에는 사소한 조짐이나 실수에서 비롯한다.
　① 古墳　② 災殃　③ 埋藏　④ 磁力

주관식 (주1~주70번)

※ 한자의 훈과 음을 쓰시오.
 주1. 淡   (   )
 주2. 貿   (   )
 주3. 祥   (   )
 주4. 恕   (   )
 주5. 輸   (   )
 주6. 辱   (   )
 주7. 姿   (   )
 주8. 機   (   )
 주9. 紀   (   )
 주10. 寄   (   )

※ 훈과 음에 맞는 한자를 〈보기〉에서 찾아 쓰시오.

〈보기〉	卜 咸 壁 妾 債 殘 梅 販 緣 衛

 주11. 벽   벽   (   )
 주12. 남을   잔   (   )
 주13. 매화   매   (   )
 주14. 점   복   (   )
 주15. 인연   연   (   )

※ 한자어의 독음을 쓰시오.
 주16. 供給   (   )
 주17. 貸與   (   )
 주18. 德澤   (   )
 주19. 頭腦   (   )
 주20. 負擔   (   )
 주21. 比較   (   )
 주22. 株式   (   )
 주23. 妥協   (   )
 주24. 改築   (   )
 주25. 關係   (   )
 주26. 傑作   (   )
 주27. 慣性   (   )

주28. 求償   (   )

주29. 舊派   (   )

주30. 菌絲   (   )

주31. 知覺   (   )

주32. 構造調整(   )

※ 〈보기〉의 뜻을 참고하여 ○ 안에 공통으로 들어
   갈 한자를 쓰시오.

주33. (1) ○母 (2) ○婦   (   )

〈보기〉	(1) 아버지의 누이. (2) 시어머니와 며느리를 아울러 이르는 말.

주34. (1) ○身 (2) ○暑   (   )

〈보기〉	(1) 위험을 피하여 몸을 숨김. (2) 더위를 피하여 시원한 곳으로 옮김.

주35. (1) ○藥 (2) 彈○   (   )

〈보기〉	(1) 약재를 빻아 반죽하여 작고 둥글게 만든 약. 알약. (2) 총포에 재어서 쏘면 폭발하여 그 힘으로 탄알이 튀어 나가게 된 물건.

※ ○ 안에 공통으로 들어갈 한자를 〈보기〉에서 찾
   아 쓰시오.

〈보기〉	貢 熟 裝 兼 演 肥

주36. 老○   成○   ○眠   (   )
주37. ○藝   出○   ○技   (   )
주38. ○備   ○職   ○任   (   )

※ 문장에서 잘못 쓴 한자를 바르게 고쳐 쓰시오.
   (단, 음이 같은 한자로 고칠 것)
주39. 그녀는 遇秀한 성적으로 교육 과정을 수료
     하였다.   (→   )
주40. 그는 너무 바빠서 친구의 부탁을 擧絕했다.
                        (→   )

※ [   ] 안의 단어를 한자로 쓰시오.
주41. 승리를 축하하는 성대한 [연회]가 열렸다.
                        (   )

주42. 야외 행사가 우천으로 [**연기**]되었다.
  (   )

주43. [**인내**]는 쓰다. 그러나 그 열매는 달다.
  (   )

주44. 현충일을 맞아 대규모의 [**추모**]행사가 거행
  되었다. (   )

주45. [**정부**]는 범죄와의 전쟁을 선포했다.
  (   )

※ [   ] 안의 한자어의 독음을 쓰시오.

주46. 할아버지의 고희를 축하하기 위해 [親戚]
  들이 한자리에 모였다. (   )

주47. 이광수는 농촌 [啓蒙]을 주제로 한 소설을
  썼다. (   )

주48. 안전 의식을 [鼓吹]시키기 위해 소방 안전
  교육을 실시하였다. (   )

주49. 답안지의 [空欄]에 답을 적으시오.
  (   )

주50. 태조 이성계는 사냥을 하러 [郊外]로 나갔
  다. (   )

주51. 요즈음 생활이 단조로워 [倦怠]를 느낀다.
  (   )

주52. 강력한 태풍에 열차가 [軌道]에서 이탈하
  여 많은 사람이 다쳤다. (   )

주53. 수출은 우리 경제 성장의 [根幹]이다.
  (   )

주54. 세계 곳곳에는 식량난으로 인해 [飢餓]에
  허덕이는 곳이 존재한다. (   )

주55. 아이는 멀리 뛰기 위해 힘차게 [跳躍]하였다.
  (   )

주56. 전통가옥에서 여성들의 생활공간이 되는 안
  채를 [閨房]이라고 한다. (   )

주57. 경기 회복을 위해 일부 규제 [緩和]를 추
  진하였다. (   )

주58. 우리는 해당 사안에 대해 여러 전문가에게
  [諮問]을 구하였다. (   )

주59. 현충일은 나라를 위해 [犧牲]한 순국선열
  을 기리는 날이다. (   )

주60. 사람을 함부로 [戲弄]해서는 안 된다.
  (   )

주61. 오물과 생활하수가 뒤섞여 악취가 [振動]
  하였다. (   )

주62. 호황을 누리던 일부 사업이 어느덧 [斜陽]
  길로 접어들었다. (   )

주63. 그는 고개를 끄덕이며 나의 말에 [肯定]했
  다. (   )

주64. 체조선수들이 [平衡]대 위에서 뛰어난 균
  형감각을 보여주었다. (   )

주65. 남의 은혜를 저버리는 사람은 [禽獸]만도
  못하다. (   )

※ 한자성어의 설명을 읽고 ○ 안에 들어갈 한자를
차례대로 쓰시오.

주66. 千 ○ 一 ○   (,   )

> [**천려일실**] 천 번 생각에 한 번 실수라는 뜻으로,
> 슬기로운 사람이라도 여러 가지 생각 가운데에는 잘
> 못되는 것이 있을 수 있음을 이르는 말.

주67. ○ 公 ○ 山   (,   )

> [**우공이산**] 우공이 산을 옮긴다는 뜻으로, 어떤 일
> 이든 끊임없이 노력하면 반드시 이루어짐을 이르는
> 말.

주68. ○ 戰 ○ 退   (,   )

> [**임전무퇴**] 전쟁에 나아가서 물러서지 않음을 이르
> 는 말로, 화랑의 세속 오계의 하나.

주69. ○ 事 ○ 通   (,   )

> [**만사형통**] 모든 것이 뜻대로 잘됨.

주70. ○ ○ 之 間   (,   )

> [**빙탄지간**] 얼음과 숯의 사이라는 뜻으로, 서로 맞
> 지 않아 화합하지 못하는 관계를 이르는 말.

- 수고하셨습니다 -

한자실력급수 자격시험 **3급** 연습문제 〈6〉

※ [　] 안의 한자와 음이 같은 한자는?
1. [批] ① 非　② 郎　③ 着　④ 墨
2. [頌] ① 激　② 副　③ 條　④ 送
3. [蓮] ① 準　② 練　③ 聽　④ 損
4. [裕] ① 須　② 黨　③ 遊　④ 州
5. [築] ① 丑　② 圓　③ 訂　④ 晴

※ [　] 안의 한자와 뜻이 비슷하거나 같은 한자는?
6. [逸] ① 幾　② 安　③ 谷　④ 景
7. [贊] ① 甚　② 肥　③ 墓　④ 助

※ [　] 안의 한자와 뜻이 반대되거나 상대되는 한자는?
8. [捨] ① 總　② 皆　③ 取　④ 裝
9. [複] ① 除　② 單　③ 快　④ 讓

※ 〈보기〉의 단어들과 가장 관련이 깊은 한자는?

10.

〈보기〉	갯벌	인력	썰물

　①販　②貫　③潮　④付

11.

〈보기〉	군대	전쟁	대오

　①陣　②蔬　③濯　④粉

12.

〈보기〉	반지	고리	사슬

　①補　②輩　③刷　④環

※ [　] 안의 단어를 한자로 알맞게 쓴 것은?
13. 그는 [기지]를 발휘하여 위기를 넘겼다.
　①基池　②機智　③機池　④基智
14. 그는 오랫동안 운동으로 건강을 [유지]해왔다.
　①有志　②維志　③有持　④維持
15. 다양한 [국적]의 선수들이 대회 우승을 위해 경쟁하였다.
　①國籍　②局賊　③國賊　④局籍

※ 주어진 뜻에 알맞은 한자어는?
16. 학습이나 감상을 위해 만든 지도, 도표, 그림 등을 이르는 말.
　①擴大　②伯父　③掛圖　④雇傭
17. 행동이나 의사의 자유를 제한하거나 속박함.
　①拘束　②狡猾　③蛇足　④陶工
18. 조상의 신주를 모셔 놓은 집.
　①勳章　②畏敬　③尖端　④祠堂
19. 수준이 낮거나 세련되지 못함.
　①葡萄糖　②恐慌　③幼稚　④舞踊
20. 꾀어서 정신을 혼미하게 하거나 좋지 아니한 길로 이끎.
　①福祉　②誘惑　③窒息　④綿織
21. 도시의 상인이 모두 가게를 닫고 거래를 중단함.
　①罷市　②禽獸　③縮尺　④防禦
22. 나랏일을 맡아보는 기관.
　①傀儡　②核　③鑄造　④官廳
23. 그림자가 없음.
　①愼重　②無影　③所謂　④鬱蒼
24. 올바른 길에서 벗어나 잘못된 길로 빠짐.
　①招聘　②臺本　③墮落　④老翁
25. 찢어져 나뉨.
　①分裂　②蒸散　③保護　④憎惡

※ [　] 안에 들어갈 한자어로 알맞은 것은?
26. 심장 벽은 대부분 심장 [　]으로 이뤄져 있다.
　①山岳　②筋肉　③莊園　④攻擊
27. 그의 혈액 중에서 검출된 알코올 [　]가 면허 취소 수준에 이르렀다.
　①蒙昧　②要塞　③絞首　④濃度
28. 시민 정신의 덕목으로 투철한 [　]정신과 질서 의식, 협동 정신을 꼽을 수 있다.
　①月蝕　②三綱　③遵法　④還穀
29. 도시인들은 매연과 [　]으로 인하여 심각한 스트레스를 받고 있다.
　①檀君　②騷音　③滄海　④矯正

30. 촛농은 바닥에 떨어지자마자 하얗게 [   ]되었다.
　① 弊社　② 情緒　③ 坑道　④ 凝固

주관식 (주1~주70번)

※ 한자의 훈과 음을 쓰시오.
주1. 覺　（　　　　　）
주2. 械　（　　　　　）
주3. 苟　（　　　　　）
주4. 祈　（　　　　　）
주5. 敏　（　　　　　）
주6. 譜　（　　　　　）
주7. 帳　（　　　　　）
주8. 座　（　　　　　）
주9. 貢　（　　　　　）
주10. 弘　（　　　　　）

※ 훈과 음에 맞는 한자를 〈보기〉에서 찾아 쓰시오.

〈보기〉	司 娘 邦 斯 模 憲 架 悠 髮 返

주11. 터럭　　발　（　　　　　）
주12. 아가씨　낭　（　　　　　）
주13. 법　　　모　（　　　　　）
주14. 나라　　방　（　　　　　）
주15. 멀　　　유　（　　　　　）

※ 한자어의 독음을 쓰시오.
주16. 觀照　（　　　　　）
주17. 謹弔　（　　　　　）
주18. 寄稿　（　　　　　）
주19. 企劃　（　　　　　）
주20. 耐久　（　　　　　）
주21. 念慮　（　　　　　）
주22. 雄辯　（　　　　　）
주23. 履歷　（　　　　　）
주24. 征伐　（　　　　　）
주25. 鳥嶺　（　　　　　）
주26. 版權　（　　　　　）

주27. 起爆　（　　　　　）
주28. 白內障　（　　　　　）
주29. 輪讀　（　　　　　）
주30. 交響樂　（　　　　　）
주31. 詐稱　（　　　　　）
주32. 時刻　（　　　　　）

※ 〈보기〉의 뜻을 참고하여 ○ 안에 공통으로 들어갈 한자를 쓰시오.
주33. (1) ○出　(2) 探○　　　　（　　　　　）

〈보기〉	(1) 샅샅이 뒤져서 찾아냄. (2) 감추어진 사실을 알아내기 위해 여러 가지로 살피어 조사함.

주34. (1) 生○　(2) ○手　　　　（　　　　　）

〈보기〉	(1) 산 채로 잡음. (2) 야구에서, 본루를 지키며 투수가 던지는 공을 받는 선수.

주35. (1) 學○　(2) ○兵　　　　（　　　　　）

〈보기〉	(1) 학문에서의 주장을 달리 하는 갈래. (2) 군대를 파견함.

※ ○ 안에 공통으로 들어갈 한자를 〈보기〉에서 찾아 쓰시오.

〈보기〉	妄 壁 抗 咸 險 衛

주36. ○惡　　○難　　保○　（　　　　　）
주37. ○畫　　巖○　　○紙　（　　　　　）
주38. 反○　　對○　　○爭　（　　　　　）

※ 문장에서 잘못 쓴 한자를 바르게 고쳐 쓰시오. (단, 음이 같은 한자로 고칠 것)
주39. 시민들은 그의 연설에 冷擔한 반응을 보였다.　　（　　　→　　　）
주40. 투고한 글이 雜知에 게재되었다.　　（　　　→　　　）

※ [   ] 안의 단어를 한자로 쓰시오.
주41. 그는 이번 일과 아무 [관련]이 없다.　　（　　　　　）
주42. 여러 [자료]를 수집하고 분석하여 보고서를 썼다.　　（　　　　　）

주43. 그녀는 [확신]에 찬 목소리로 대답하였다.
（　　　　　　　）
주44. 임대 [계약]을 체결하였다.（　　　　　　　）
주45. 그 아이는 남달리 [총명]하고 용감하였다.
（　　　　　　　）

※ [　　] 안의 한자어의 독음을 쓰시오.
주46. 그녀는 힘들었던 시절을 [回顧]하면서 눈
물을 흘렸다.　　　　（　　　　　　　）
주47. 함부로 남을 [蔑視]해서는 안 된다.
（　　　　　　　）
주48. 두 경쟁사는 상대에 대한 [誹謗]을 중지하
고 선의의 경쟁을 다짐하였다.
（　　　　　　　）
주49. 그는 정중히 자기 [紹介]를 했다.
（　　　　　　　）
주50. [疏外] 계층에 대한 사회의 관심이 필요하
다.　　　　　　　　（　　　　　　　）
주51. 그는 고행이 육체적 삶을 정신적 삶으로
[昇華]시킨다고 믿는다.　（　　　　　　　）
주52. 방송[審議]위원회는 지나치게 선정적인 내
용을 방송한 TV 프로그램에 대해 제재를 가
했다.　　　　　　　（　　　　　　　）
주53. 그는 아내와 [永訣]하는 순간 참았던 눈물
을 흘렸다.　　　　　（　　　　　　　）
주54. 이솝 [寓話]는 친숙한 동물 이야기를 통해
많은 교훈을 준다.　　（　　　　　　　）
주55. 양국 정상이 조약을 [締結]하였다.
（　　　　　　　）
주56. 자기계발을 위해 외국어를 배우는 직장인이
늘어나는 [趨勢]이다.　（　　　　　　　）
주57. 책의 내용이 같더라도 [編輯]을 잘하면 보
기가 좋다.　　　　　（　　　　　　　）
주58. 가정형편이 어려워 [抛棄]했던 진학의 꿈
을 마침내 이루게 되었다.（　　　　　　　）
주59. 마술사는 뿌연 연기와 함께 [忽然]히 사라
져 버렸다.　　　　　（　　　　　　　）

주60. 그녀는 어려서부터 음악에 [天賦]적인 소
질을 보였다.　　　　（　　　　　　　）
주61. [隨筆]에는 일기, 편지, 기행문 등이 있다.
（　　　　　　　）
주62. 며칠간의 폭우로 [洪水]의 위험성이 커지
고 있다.　　　　　　（　　　　　　　）
주63. 참혹한 화재 현장은 마치 [地獄]과 같았
다.　　　　　　　　（　　　　　　　）
주64. 온천수는 다양한 [鑛物] 성분을 포함하고
있다.　　　　　　　（　　　　　　　）
주65. 지난 여름에 발생한 [颱風]은 어마어마한 인
명과 재산 피해를 남겼다.（　　　　　　　）

※ 한자성어의 설명을 읽고 ○ 안에 들어갈 한자를
차례대로 쓰시오.
주66. ○○萬里　　　　　　　　（　　，　　）

[이역만리] 다른 나라의 아주 먼 곳.

주67. ○身○家　　　　　　　　（　　，　　）

[수신제가] 몸과 마음을 닦아 수양하고 집안을 잘
다스림.

주68. 指○爲○　　　　　　　　（　　，　　）

[지록위마] 사슴을 가리켜 말이라고 한다는 뜻으로,
윗사람을 농락하여 권세를 제 마음대로 휘두르는
짓.

주69. ○木○魚　　　　　　　　（　　，　　）

[연목구어] 나무에 올라가서 물고기를 구한다는 뜻
으로, 도저히 불가능한 일을 굳이 하려 함을 비유적
으로 이르는 말.

주70. ○手空○　　　　　　　　（　　，　　）

[적수공권] 맨손과 맨주먹이라는 뜻으로, 아무것도
가진 것이 없음을 이르는 말.

- 수고하셨습니다 -

한자실력급수 자격시험 3급 연습문제 〈7〉

객관식 (1~30번)

※ [   ] 안의 한자와 음이 같은 한자는?

1. [毒] ① 峯   ② 讀   ③ 述   ④ 驗
2. [驛] ① 浴   ② 切   ③ 茂   ④ 域
3. [姻] ① 弓   ② 寅   ③ 祕   ④ 處
4. [超] ① 礎   ② 莫   ③ 制   ④ 宗
5. [獎] ① 干   ② 淑   ③ 虎   ④ 章

※ [   ] 안의 한자와 뜻이 비슷하거나 같은 한자는?

6. [販] ① 廷   ② 戀   ③ 賣   ④ 乙
7. [樣] ① 態   ② 喜   ③ 射   ④ 淺

※ [   ] 안의 한자와 뜻이 반대되거나 상대되는 한자는?

8. [貸] ① 請   ② 借   ③ 較   ④ 走
9. [離] ① 妻   ② 乃   ③ 合   ④ 偉

※ 〈보기〉의 단어들과 가장 관련이 깊은 한자는?

10.

〈보기〉	빨대	피리	파이프

① 胞   ② 憲   ③ 架   ④ 管

11.

〈보기〉	둑	댐	방죽

① 堤   ② 冠   ③ 胃   ④ 祀

12.

〈보기〉	배추	상추	시금치

① 拓   ② 蔬   ③ 妨   ④ 逃

※ [   ] 안의 단어를 한자로 알맞게 쓴 것은?

13. 식물은 대체로 [기공]을 통해 증산작용을 한다.
   ① 氣孔   ② 奇功   ③ 氣功   ④ 奇孔
14. 감독은 긴장하여 [경직]된 선수들의 마음을 풀어주었다.
   ① 硬職   ② 景直   ③ 硬直   ④ 景職
15. 그들은 새로운 지원자를 [모집]하였다.
   ① 母集   ② 募集   ③ 募執   ④ 母執

※ 주어진 뜻에 알맞은 한자어는?

16. 기 따위를 높이 겖.
   ① 厄運   ② 枯死   ③ 令孃   ④ 揭揚
17. 옥이나 돌 따위를 쪼고 갊. 학문이나 덕행 등을 닦음.
   ① 苦悶   ② 琢磨   ③ 覆蓋   ④ 誕生
18. 사물의 옳고 그름이나 좋고 나쁨을 가림.
   ① 把握   ② 欺瞞   ③ 嗜好   ④ 辨別
19. 뇌물을 받음.
   ① 屈伏   ② 哀悼   ③ 受賂   ④ 年齡
20. 지나간 일을 돌이켜 생각함.
   ① 回顧   ② 宮闕   ③ 伴侶   ④ 役割
21. 헐거나 깨뜨려 못 쓰게 만듦.
   ① 雇傭   ② 毀損   ③ 恐慌   ④ 太陽曆
22. 예를 갖추어 불러 맞아들임.
   ① 招聘   ② 核   ③ 鑄造   ④ 臺本
23. 법을 올바로 지킴.
   ① 家畜   ② 獲得   ③ 夭折   ④ 遵法
24. 숨이 막힘.
   ① 蹴球   ② 霸權   ③ 窒息   ④ 免疫
25. 이른바.
   ① 檢閱   ② 所謂   ③ 交替   ④ 寬容

※ [   ] 안에 들어갈 한자어로 알맞은 것은?

26. 그들은 위험을 무릅쓰고 [   ]을 감행하였다.
   ① 緊張   ② 週末   ③ 冒險   ④ 冷却
27. 새로 [   ]한 직원들이 자기 소개를 하였다.
   ① 赴任   ② 未畢   ③ 汚染   ④ 古墳
28. 이 동화책에는 예쁘고 다양한 [   ]가 들어가 있다.
   ① 乾燥   ② 暫時   ③ 顚倒   ④ 插畫
29. 통일을 위해 남북한 [   ]간의 대화와 교류가 필요하다.
   ① 塵土   ② 捕虜   ③ 相互   ④ 稀少
30. 인간관계에서 [   ]를 쌓는 것은 몹시 중요하고도 어려운 일이다.
   ① 傀儡   ② 擴大   ③ 信賴   ④ 僻地

※ 한자의 훈음을 쓰시오.

주1. 刊　　　(　　　　　　)

주2. 腦　　　(　　　　　　)

주3. 孟　　　(　　　　　　)

주4. 旬　　　(　　　　　　)

주5. 吏　　　(　　　　　　)

주6. 殘　　　(　　　　　　)

주7. 周　　　(　　　　　　)

주8. 咸　　　(　　　　　　)

주9. 項　　　(　　　　　　)

주10. 絃　　　(　　　　　　)

※ 훈과 음에 맞는 한자를 〈보기〉에서 찾아 쓰시오.

〈보기〉	姪 劍 稱 賊 辯 慕 畓 宜 響 慮

주11. 칼　　　검　　　(　　　　　　)

주12. 생각　　　려　　　(　　　　　　)

주13. 논　　　답　　　(　　　　　　)

주14. 조카　　　질　　　(　　　　　　)

주15. 마땅　　　의　　　(　　　　　　)

※ 한자어의 독음을 쓰시오.

주16. 激烈　　　(　　　　　　)

주17. 供覽　　　(　　　　　　)

주18. 拳鬪　　　(　　　　　　)

주19. 亂舞　　　(　　　　　　)

주20. 突進　　　(　　　　　　)

주21. 麻織　　　(　　　　　　)

주22. 保障　　　(　　　　　　)

주23. 新築　　　(　　　　　　)

주24. 巖壁　　　(　　　　　　)

주25. 旅券　　　(　　　　　　)

주26. 印刷　　　(　　　　　　)

주27. 底邊　　　(　　　　　　)

주28. 血盟　　　(　　　　　　)

주29. 全擔　　　(　　　　　　)

주30. 包裝　　　(　　　　　　)

주31. 機構　　　(　　　　　　)

주32. 雅量　　　(　　　　　　)

※ 〈보기〉의 뜻을 참고하여 ○ 안에 공통으로 들어갈 한자를 쓰시오.

주33. (1) ○當　(2) ○協　　　(　　　　　　)

〈보기〉	(1) 사리에 맞아 마땅함.
	(2) 두 편이 서로 좋도록 양보하여 협의함.

주34. (1) ○改　(2) 後○　　　(　　　　　　)

〈보기〉	(1) 잘못을 뉘우쳐 고침.
	(2) 이전의 잘못을 깨닫고 뉘우침.

주35. (1) 獨○　(2) ○居　　　(　　　　　　)

〈보기〉	(1) 독차지.
	(2) 어느 곳을 차지하여 삶.

※ ○ 안에 공통으로 들어갈 한자를 〈보기〉에서 찾아 쓰시오.

〈보기〉	確　缺　聰　劃　帶　範

주36. 連○　　聲○　　○分 數　　(　　　　　　)

주37. 規○　　○圍　　模○　　(　　　　　　)

주38. ○禮　　○航　　出○　　(　　　　　　)

※ 문장에서 잘못 쓴 한자를 바르게 고쳐 쓰시오. (단, 음이 같은 한자로 고칠 것)

주39. 그는 회사에서 중요한 位致를 차지하고 있다.　　　(　　　→　　　)

주40. 이곳 沿案 지역은 한적한 휴양지이다.　　　(　　　→　　　)

※ [　] 안의 단어를 한자로 쓰시오.

주41. 겉모습만 보고 사람을 [평가]해서는 안 된다.　　　(　　　　　　)

주42. 이날의 경기는 모두 인터넷을 통해 [중계] 되었다.　　　(　　　　　　)

주43. 국보 제30호로 지정된 분황사[석탑]은 신라의 중요한 문화재이다.　（　　　）

주44. 돌고래는 다른 고래들보다 덩치는 작지만 몹시 [영민]하다.　（　　　）

주45. 이모는 대학에서 국문학을 [전공]하였다.　（　　　）

※ [　] 안의 한자어의 독음을 쓰시오.

주46. 프로그램의 [誤謬]를 찾아 수정했다.　（　　　）

주47. 주민들이 주말에 [近鄰] 광장에 나와 산책을 했다.　（　　　）

주48. 그는 부귀를 마다하고 자신의 [名譽]를 지켰다.　（　　　）

주49. 이 글은 신문의 한 부분을 [拔萃]한 것이다.　（　　　）

주50. 참된 [福祉]사회의 실현을 위해 노력해야 한다.　（　　　）

주51. 선생님은 사람을 시켜 긴급히 [書札] 한 통을 띄우셨다.　（　　　）

주52. 작은 오해 때문에 오랜 친구와 [疏遠]하게 지내고 있다.　（　　　）

주53. 체벌에 대한 [輿論]조사를 실시하였다.　（　　　）

주54. 부모님께서 곁에 있어주시는 것만으로도 나에게는 큰 [慰勞]가 되었다.　（　　　）

주55. 시대의 발전을 위해서는 대결과 [憎惡]보다 협력과 화해가 강조되어야 한다.　（　　　）

주56. 봄이 되면 논밭에 [播種]을 한다.　（　　　）

주57. 생물시간에 개구리 [解剖] 실험을 하였다.　（　　　）

주58. [戲曲]은 공연을 하기 위한 연극 대본이다.　（　　　）

주59. 사람의 모형을 만들어 무덤에 넣는 풍습은 [殉葬]에서 유래하였다.　（　　　）

주60. 그는 죽음을 각오하고 왕에게 [諫言]하였다.　（　　　）

주61. 우리는 도서관에서 감명 깊게 읽은 책들을 서로에게 [推薦]해 주었다.　（　　　）

주62. 왕자는 가장 [智慧]로운 여자를 아내로 맞이하기로 하였다.　（　　　）

주63. 청나라가 침략한 병자[胡亂]은 1636년에 일어났다.　（　　　）

주64. 날씨를 결정하는 3대 요소는 온도, [濕度], 기압이다.　（　　　）

주65. 먼저 죽은 친구의 [魂魄]이 편히 쉬기를 바랄 뿐이다.　（　　　）

※ 한자성어의 설명을 읽고 ○ 안에 들어갈 한자를 차례대로 쓰시오.

주66. ○ 高 馬 ○　（　,　）

> [천고마비] 하늘이 높고 말이 살찐다는 뜻으로, 하늘이 맑아 높푸르게 보이고 온갖 곡식이 익는 가을철을 이르는 말.

주67. 流 ○ ○ 世　（　,　）

> [유방백세] 꽃다운 이름이 후세에 길이 전함.

주68. ○ 學 多 ○　（　,　）

> [박학다식] 학식이 넓고 아는 것이 많음.

주69. 風 ○ 之 ○　（　,　）

> [풍수지탄] 효도를 다하지 못했는데 어버이가 돌아가시어, 효도하고 싶어도 할 수 없는 슬픔을 이르는 말

주70. ○ 骨 難 ○　（　,　）

> [각골난망] 남에게 입은 은혜가 뼈에 새길 만큼 커서 잊히지 아니함.

- 수고하셨습니다 -

객관식 (1~30번)

※ [　　] 안의 한자와 음이 같은 한자는?
1. [供] ① 扶　② 貢　③ 賢　④ 鋼
2. [涯] ① 覽　② 歡　③ 哀　④ 檢
3. [誌] ① 只　② 切　③ 茂　④ 浴
4. [賤] ① 瓦　② 麥　③ 舌　④ 泉
5. [歎] ① 侵　② 吸　③ 炭　④ 謝

※ [　　] 안의 한자와 뜻이 비슷하거나 같은 한자는?
6. [次] ① 妾　② 副　③ 革　④ 耕
7. [較] ① 慾　② 賊　③ 端　④ 比

※ [　　] 안의 한자와 뜻이 반대되거나 상대되는 한자는?
8. [薄] ① 厚　② 慕　③ 像　④ 辯
9. [贊] ① 反　② 聰　③ 嶺　④ 眼

※ 〈보기〉의 단어들과 가장 관련이 깊은 한자는?

10.

〈보기〉	선박	부두	어시장

①刊　②畓　③廷　④港

11.

〈보기〉	나팔	피아노	메아리

①租　②慣　③響　④祥

12.

〈보기〉	기침	두통	손떨림

①彈　②症　③臨　④償

※ [　　] 안의 단어를 한자로 알맞게 쓴 것은?
13. 그는 유머 [감각]이 뛰어나 인기가 많다.
　　①敢角　②感覺　③感角　④敢覺
14. 그녀는 어른을 [공경]하는 태도가 몸에 배어 있다.
　　①恭敬　②共競　③恭競　④共敬
15. 서해안의 [낙조]는 참 아름답다.
　　①落調　②樂調　③落照　④樂照

※ 주어진 뜻에 알맞은 한자어는?
16. 수분이 증발하여 없어짐.
　　①氣壓　②翌日　③衝突　④乾燥

17. 예전, 결혼하기에 적당한 여자의 나이. 16세.
　　①寺刹　②瓜年　③利潤　④缺乏
18. 사람의 두 팔과 두 다리.
　　①謀議　②琴瑟　③四肢　④狀況
19. 주된 사물이나 기관에 딸려서 붙음.
　　①附屬　②搜査　③丘陵　④捷徑
20. 어리석고 어두움.
　　①抛棄　②休憩　③忽然　④蒙昧
21. 부녀자가 거처하는 방.
　　①受賂　②憎惡　③毀損　④閨房
22. 사람이나 차가 천천히 감.
　　①徐行　②窒息　③所謂　④未畢
23. 말의 뜻을 구별하여 주는 소리의 가장 작은 단위.
　　①役割　②音韻　③古墳　④碑銘
24. 돈이나 물건 따위를 거두어들임.
　　①無影　②官廳　③收斂　④封建
25. 아무 말도 없이 잠잠히 있음.
　　①分娩　②交換　③沈默　④淚腺

※ [　　] 안에 들어갈 한자어로 알맞은 것은?
26. 이틀간의 공연이 성황리에 [　　]을 내렸다.
　　①遞增　②幕　③華燭　④遷都
27. 건강을 위해 충분한 [　　]을 취해야 한다.
　　①睡眠　②埋藏　③磁力　④保護
28. 두 학생의 노래 실력은 [　　]을 가리기가 힘들었다.
　　①綿織　②愼重　③鬱蒼　④優劣
29. 그는 학업성취도가 뛰어나 장학생으로 [　　]되었다.
　　①輿論　②幼稚　③推薦　④遵法
30. 매출실적이 통신사와의 사업 [　　] 덕분에 상승했다.
　　①惡臭　②提携　③描寫　④炊事

주관식 (주1~주70번)

※ 한자의 훈과 음을 쓰시오.

주1. 架　　（　　　　　　　　）

주2. 盲　　（　　　　　　　　）

주3. 菌　　（　　　　　　　　）

주4. 悠　　（　　　　　　　　）

주5. 哲　　（　　　　　　　　）

주6. 値　　（　　　　　　　　）

주7. 俊　　（　　　　　　　　）

주8. 踐　　（　　　　　　　　）

주9. 欺　　（　　　　　　　　）

주10. 圍　　（　　　　　　　　）

※ 훈과 음에 맞는 한자를 〈보기〉에서 찾아 쓰시오.

〈보기〉	某 亭 妄 整 府 評 暇 柱 雅 輸

주11. 기둥　　　주　　　（　　　　　　　）

주12. 가지런할　정　　（　　　　　　　）

주13. 망령될　　망　　（　　　　　　　）

주14. 정자　　　정　　（　　　　　　　）

주15. 평론할　　평　　（　　　　　　　）

※ 한자어의 독음을 쓰시오.

주16. 額面　　（　　　　　　　　）

주17. 誤差　　（　　　　　　　　）

주18. 稱訟　　（　　　　　　　　）

주19. 奇妙　　（　　　　　　　　）

주20. 連帶　　（　　　　　　　　）

주21. 農繁期　（　　　　　　　　）

주22. 聯想　　（　　　　　　　　）

주23. 加擔　　（　　　　　　　　）

주24. 樂譜　　（　　　　　　　　）

주25. 干拓地　（　　　　　　　　）

주26. 斷髮令　（　　　　　　　　）

주27. 先輩　　（　　　　　　　　）

주28. 除籍　　（　　　　　　　　）

주29. 孟浪　　（　　　　　　　　）

주30. 爆發　　（　　　　　　　　）

주31. 耐水　　（　　　　　　　　）

주32. 結付　　（　　　　　　　　）

※ 〈보기〉의 뜻을 참고하여 ○ 안에 공통으로 들어갈 한자를 쓰시오.

주33. (1) 時○　(2) 卽○　　　　　（　　　　　）

〈보기〉	(1) 시간의 어느 한 시점. 짧은 시간. (2) 일이 일어나는 그 순간 바로.

주34. (1) 關○　(2) ○合　　　　　（　　　　　）

〈보기〉	(1) 서로 관계를 맺어 매여 있음. (2) 두 가지 이상의 사물이 서로 합동하여 하나의 조직체를 만듦.

주35. (1) 總○　(2) 監○　　　　　（　　　　　）

〈보기〉	(1) 어떤 관할 구역 안의 모든 행정을 통할하는 직책. (2) 일이나 사람 따위가 잘못되지 아니하도록 살피어 단속함.

※ ○ 안에 공통으로 들어갈 한자를 〈보기〉에서 찾아 쓰시오.

〈보기〉	宣 梨 態 弘 池 訂

주36. 改○　　修○　　校○　　（　　　　　）

주37. ○戰　　○傳　　○布　　（　　　　　）

주38. 形○　　生○系　　○度　　（　　　　　）

※ 문장에서 잘못 쓴 한자를 바르게 고쳐 쓰시오. (단, 음이 같은 한자로 고칠 것)

주39. 그들은 血研 관계처럼 서로 신뢰하고 의지하였다.　　（　　　→　　　）

주40. 해체된 석탑의 복원을 完料하였다.　　（　　　→　　　）

※ [　] 안의 단어를 한자로 쓰시오.

주41. 우리 가족은 매우 [화목]하다.　　（　　　　　　　　）

주42. 사고 후, 그들은 어머니의 말을 듣지 않은
　　　것을 [**후회**]했다.　　　(　　　　　)
주43. 그는 권투, 레슬링 같은 [**격투기**]를 좋아한
　　　다.　　　　　　　　　　(　　　　　)
주44. 계획을 짜서 시간을 [**경제**]적으로 이용해봅
　　　시다.　　　　　　　　　(　　　　　)
주45. 경찰은 일주일 간의 추적 끝에 [**용의자**]를
　　　검거하였다.　　　　　　(　　　　　)

※ [　　] 안의 한자어의 독음을 쓰시오.

주46. 시에서 사용되는 언어는 매우 [**含蓄**]적이
　　　다.　　　　　　　　　　(　　　　　)
주47. 낯선 손님의 방문에 모두가 [**緊張**]했다.
　　　　　　　　　　　　　　(　　　　　)
주48. 운동을 통해 질병에 대한 [**免疫**]기능을 높
　　　일 수 있다.　　　　　　(　　　　　)
주49. 내 동생은 어려서부터 [**舞踊**]에 뛰어난 소
　　　질을 가지고 있었다.　　(　　　　　)
주50. 홍수로 강이 [**氾濫**]하자 온 마을이 물에
　　　잠겼다.　　　　　　　　(　　　　　)
주51. 요즘 [**趣味**]로 기타를 배우고 있다.
　　　　　　　　　　　　　　(　　　　　)
주52. 영화의 실감나는 [**特殊**]효과에 감탄했다.
　　　　　　　　　　　　　　(　　　　　)
주53. 청소년이 이 행사의 [**主軸**]을 이루었다.
　　　　　　　　　　　　　　(　　　　　)
주54. 사람들이 새로운 기획 전시를 보기 위해
　　　[**博物館**]에 몰려 들었다.(　　　　　)
주55. 공적인 자리에서는 가급적 [**標準語**]를 사
　　　용해야 한다.　　　　　　(　　　　　)
주56. 은행의 금리 인상으로 정기 [**預金**]이 늘어
　　　나고 있다.　　　　　　　(　　　　　)
주57. 우아하고 세련된 헤어스타일은 그녀의 [**美貌**]
　　　를 더욱 돋보이게 했다.　(　　　　　)
주58. 북극 원정대는 [**零下**]의 날씨에도 굴하지
　　　않고 행군을 계속했다.　(　　　　　)
주59. 그는 맨손 체조로 몸을 푼 뒤 냉수 [**摩擦**]
　　　로 하루를 시작한다.　　(　　　　　)

주60. 수질오염으로 인해 강물이 [**混濁**]해졌다.
　　　　　　　　　　　　　　(　　　　　)
주61. 그는 투철한 [**匠人**]정신으로 가야금을 만
　　　든다.　　　　　　　　　(　　　　　)
주62. '집', '책', '학교' 등과 같이 사물의 이름을
　　　나타내는 품사를 [**名詞**]라고 한다.
　　　　　　　　　　　　　　(　　　　　)
주63. 그의 일인독재 체제는 국가가 [**滅亡**]하게
　　　된 주요 원인이었다.　　(　　　　　)
주64. 어린이를 [**拉致**]한 유괴범이 몸값을 요구
　　　하였다.　　　　　　　　(　　　　　)
주65. 모르는 단어의 뜻을 [**辭典**]에서 찾아보았
　　　다.　　　　　　　　　　(　　　　　)

※ 한자성어의 설명을 읽고 ○ 안에 들어갈 한자를
　　차례대로 쓰시오.

주66. ○國○色　　　　　　　(　　,　　)

[**경국지색**] 임금이 혹하여 나라가 기울어져도 모를
정도의 미인이라는 뜻으로, 뛰어나게 아름다운 미인
을 이르는 말.

주67. 抱○絶○　　　　　　　(　　,　　)

[**포복절도**] 배를 부둥켜안고 넘어질 정도로 몹시
웃음.

주68. ○固 不○　　　　　　　(　　,　　)

[**확고부동**] 태도나 결심 따위가 굳어져 흔들림이나
변화가 없음.

주69. 魚○成○　　　　　　　(　　,　　)

[**어변성룡**] 물고기가 변하여서 용이 된다는 뜻으로,
아주 곤궁하던 사람이 부귀를 누리게 되거나 보잘것
없던 사람이 큰 인물이 됨을 이르는 말.

주70. ○頭 指○　　　　　　　(　　,　　)

[**진두지휘**] 전투나 사업 따위를 직접 앞장서서 지
휘함.

－ 수고하셨습니다 －

한자실력급수 자격시험 3급 연습문제 〈9〉

객관식 (1~30번)

※ [　] 안의 한자와 음이 같은 한자는?

1. [鎭] ① 資　② 弓　③ 祭　④ 珍
2. [悠] ① 辯　② 幼　③ 於　④ 勤
3. [姦] ① 干　② 潮　③ 呼　④ 黨
4. [暇] ① 版　② 哀　③ 架　④ 稅
5. [役] ① 也　② 亦　③ 指　④ 盡

※ [　] 안의 한자와 뜻이 비슷하거나 같은 한자는?

6. [戀] ① 列　② 胃　③ 慕　④ 連
7. [雜] ① 混　② 錢　③ 叔　④ 羅

※ [　] 안의 한자와 뜻이 반대되거나 상대되는 한자는?

8. [忙] ① 超　② 其　③ 射　④ 閑
9. [疑] ① 陣　② 孔　③ 信　④ 劃

※ 〈보기〉의 단어들과 가장 관련이 깊은 한자는?

10.

〈보기〉	집	제방	성벽

　① 斯　② 築　③ 索　④ 輪

11.

〈보기〉	물	벼	모내기

　① 畓　② 稱　③ 欺　④ 講

12.

〈보기〉	섬유	옷감	베틀

　① 妄　② 龍　③ 梨　④ 績

※ [　] 안의 단어를 한자로 알맞게 쓴 것은?

13. 강풍에 따른 [피해]를 예방하기 위해 시설물을 점검했다.
　① 避解　② 被害　③ 被解　④ 避害
14. 양국의 선수들은 경기를 시작하기 전에 국가를 [제창]했다.
　① 際唱　② 際創　③ 齊創　④ 齊唱
15. 정부는 부동산 [투기]를 막기 위해 새로운 대책을 발표하였다.
　① 投機　② 鬪技　③ 投技　④ 鬪機

※ 주어진 뜻에 알맞은 한자어는?

16. 단순하고 간략함.
　① 中庸　② 纖維　③ 簡單　④ 奴隷
17. 식물에 새로 튼 싹. 새로운 일의 시초.
　① 萌芽　② 蜂蜜　③ 墮落　④ 頓悟
18. 다른 것을 본뜨거나 본받음.
　① 遺蹟　② 巷說　③ 模倣　④ 垈地
19. 말이나 행동의 앞뒤가 서로 일치되지 아니함.
　① 渡河　② 冥府　③ 膽囊　④ 矛盾
20. 흠. 결점.
　① 踏査　② 瑕疵　③ 猛獸　④ 巧妙
21. 말이나 행동으로 실없이 놀림.
　① 輿論　② 官僚　③ 戲弄　④ 老翁
22. 같은 현상이나 일이 반복되는 도수.
　① 頻度　② 特殊　③ 赦免　④ 祠堂
23. 깊이 파고들거나 빠짐.
　① 慨歎　② 優劣　③ 傲慢　④ 沒入
24. 나무가 많이 우거진 숲.
　① 倭亂　② 森林　③ 靈魂　④ 閨房
25. 용기나 의욕이 솟아나도록 북돋워 줌.
　① 惡臭　② 描寫　③ 徐行　④ 激勵

※ [　] 안에 들어갈 한자어로 알맞은 것은?

26. 인류는 신석기 시대부터 야생 동물을 길들여 [　]으로 길러왔다.
　① 家畜　② 預金　③ 音韻　④ 摩擦
27. 하늘에서 내리는 눈의 [　]은 대개 육각형이다.
　① 亢星　② 姙娠　③ 結晶　④ 振幅
28. 그는 다른 사람의 의견을 [　]하다가, 결국 자신이 틀렸음을 인정해야했다.
　① 樓閣　② 排斥　③ 埋藏　④ 磁力
29. 청바지는 젊음과 반항의 [　]이기도 하다.
　① 屯田　② 輔國　③ 象徵　④ 鍼灸
30. 황사가 [　]을 타고 우리나라에 밀려온다.
　① 偏西風　② 右翼　③ 茅屋　④ 垂簾

주관식 (주1~주70번)

※ 한자의 훈과 음을 쓰시오.

주1. 兼　　　（　　　　　　　）

주2. 契　　　（　　　　　　　）

주3. 冠　　　（　　　　　　　）

주4. 博　　　（　　　　　　　）

주5. 奔　　　（　　　　　　　）

주6. 刷　　　（　　　　　　　）

주7. 訂　　　（　　　　　　　）

주8. 提　　　（　　　　　　　）

주9. 吐　　　（　　　　　　　）

주10. 販　　　（　　　　　　　）

※ 훈과 음에 맞는 한자를 〈보기〉에서 찾아 쓰시오.

〈보기〉	某　委　介　普　熟　儀　沿　距　映　鉛

주11. 익을　　　숙　　　（　　　　）.

주12. 아무　　　모　　　（　　　　）

주13. 끼일　　　개　　　（　　　　）

주14. 떨어질　　거　　　（　　　　）

주15. 넓을　　　보　　　（　　　　）

※ 한자어의 독음을 쓰시오.

주16. 劍術　（　　　　　）

주17. 點額　（　　　　　）

주18. 木蓮　（　　　　　）

주19. 事項　（　　　　　）

주20. 記述　（　　　　　）

주21. 敏速　（　　　　　）

주22. 庶民　（　　　　　）

주23. 火賊　（　　　　　）

주24. 條理　（　　　　　）

주25. 配置　（　　　　　）

주26. 萬般　（　　　　　）

주27. 享樂　（　　　　　）

주28. 小康狀態（　　　　　　　　　）

주29. 現像　　（　　　　　　　　）

주30. 直系　　（　　　　　　　　）

주31. 近刊　　（　　　　　　　　）

주32. 測雨器　（　　　　　　　　）

※ 〈보기〉의 뜻을 참고하여 ○ 안에 공통으로 들어갈 한자를 쓰시오.

주33. (1) ○昌　(2) ○盛　　　（　　　　）

〈보기〉	(1) 번화하게 창성함. (2) 한창 성하게 일어나 퍼짐.

주34. (1) 忍○　(2) ○水　　　（　　　　）

〈보기〉	(1) 괴로움이나 노여움 따위를 참고 견딤. (2) 물이 묻어도 젖거나 배지 않음.

주35. (1) 對○　(2) 日○權　　（　　　　）

〈보기〉	(1) 서로 달라서 대비가 됨. (2) 태양광선을 확보할 수 있는 권리.

※ ○ 안에 공통으로 들어갈 한자를 〈보기〉에서 찾아 쓰시오.

〈보기〉	慾　嶺　邊　確　紛　糧

주36. ○爭　　　○失　　　內○　　（　　　　）

주37. 底○　　　周○　　　身○　　（　　　　）

주38. 私○　　　過○　　　食○　　（　　　　）

※ 문장에서 잘못 쓴 한자를 바르게 고쳐 쓰시오.
(단, 음이 같은 한자로 고칠 것)

주39. 화려한 무대 延出이 관객의 시선을 사로잡
　　　았다.　　　　　（　　　→　　　）

주40. 버섯은 고목의 몸통이나 가지에 期生하여
　　　자란다.　　　　（　　　→　　　）

※ [　] 안의 단어를 한자로 쓰시오.

주41. 심판의 호각 소리와 함께 90분간의 치열한
　　　경기가 [종료]되었다.　（　　　　　）

주42. 일부 안전사고는 [질서]를 지키는 것만으로
　　　도 미연에 방지할 수 있다.（　　　　　）

주43. 그녀는 충격적인 소식을 듣고 [졸도]할 뻔
했다.   (   )
주44. 은행에서 대출받기 위해서는 [담보]가 필요
하다.   (   )
주45. 매일 아침 수영을 했더니 [폐활량]이 좋아
졌다.   (   )

※ [   ] 안의 한자어의 독음을 쓰시오.
주46. 그녀는 외국어 [驅使]능력이 뛰어나다.
                                (   )
주47. 문제를 해결하기 위해서는 원인에 대한 철
저한 [分析]이 선행되어야 한다.
                                (   )
주48. 다른 의견이 있으시면 [忌憚]없이 이야기
해 주시기 바랍니다.   (   )
주49. 그는 마침내 억울한 [陋名]에서 벗어났다.
                                (   )
주50. 두 사람은 학창 시절부터 [敦篤]한 우정을
쌓아 왔다.   (   )
주51. 어느 유명인의 갑작스런 [訃告]가 사람들
에게 충격을 안겨주었다.   (   )
주52. 황사는 중국이나 몽골의 [沙漠]에서 작은
모래나 먼지가 날아오는 현상이다.
                                (   )
주53. 강화도에 자리한 전등사는 우리나라에서 오래
된 [寺刹] 중 하나이다.   (   )
주54. 그는 천재적인 시인이었지만 안타깝게 지병
으로 [夭折]했다.   (   )
주55. 좌표축 위에 해당 [函數]의 그래프를 그렸
다.   (   )
주56. 집 앞에 꽃을 파는 조그마한 [店鋪]가 들
어섰다.   (   )
주57. 주인공이 꿈속에서 심판받는 장면은 이 영
화의 [白眉]로 꼽힌다.   (   )
주58. 세계문화유산에 등재된 [宗廟]에 다녀왔
다.   (   )
주59. 온갖 [受侮]를 견뎌내었다.
                                (   )

주60. 올 여름 공포영화들은 대부분 [鬼神]을 소
재로 하고 있다.   (   )
주61. 솔개가 넓은 [蒼空]을 힘차게 날고 있다.
                                (   )
주62. 오염된 생활환경은 건강을 [威脅]한다.
                                (   )
주63. 최근 잇따른 [醜聞]으로 지지율이 급락하
였다.   (   )
주64. 손을 깨끗이 씻으면 [疾病]을 예방하는데
도움이 된다.   (   )
주65. 얼굴이 빨개지며 슬슬 [醉氣]가 올라왔다.
                                (   )

※ 한자성어의 설명을 읽고 ○ 안에 들어갈 한자를
차례대로 쓰시오.
주66. 門 ○ ○ 待   (,   )

[문전박대] 문 앞에서 쫓아낼 듯이 인정 없고 모질
게 대함.

주67. ○ 三 李 ○   (,   )

[장삼이사] 장씨네 셋째와 이씨네 넷째라는 뜻으로,
평범한 사람들을 이르는 말.

주68. 天 ○ 之 ○   (,   )

[천양지차] 하늘과 땅 사이와 같이 엄청난 차이.

주69. ○ 手 無 ○   (,   )

[속수무책] 손을 묶은 것처럼 어찌할 도리가 없어
꼼짝 못 함.

주70. ○ 衣 ○ 馬   (,   )

[경의비마] 가벼운 비단옷과 살찐 말이라는 뜻으로,
호사스러운 차림새를 비유적으로 이르는 말.

- 수고하셨습니다 -

한자실력급수 자격시험 3급 연습문제 〈10〉

객관식 (1~30번)

※ [　] 안의 한자와 음이 같은 한자는?

1. [栗] ① 係　② 律　③ 恭　④ 危
2. [貿] ① 呼　② 揮　③ 畿　④ 舞
3. [版] ① 判　② 番　③ 般　④ 卜
4. [柱] ① 射　② 其　③ 周　④ 睦
5. [策] ① 責　② 侵　③ 列　④ 連

※ [　] 안의 한자와 뜻이 비슷하거나 같은 한자는?

6. [硬] ① 獎　② 堅　③ 巡　④ 岸
7. [輸] ① 織　② 峯　③ 整　④ 送

※ [　] 안의 한자와 뜻이 반대되거나 상대되는 한자는?

8. [亂] ① 鉛　② 紛　③ 治　④ 映
9. [返] ① 維　② 塔　③ 往　④ 儀

※ 〈보기〉의 단어들과 가장 관련이 깊은 한자는?

10.

〈보기〉	보리	국화	결명자

①茶　②稿　③苟　④抵

11.

〈보기〉	비행	장식	보온

①拓　②覺　③逃　④羽

12.

〈보기〉	공격	방어	무기

①姻　②鬪　③逸　④管

※ [　] 안의 단어를 한자로 알맞게 쓴 것은?

13. 경찰은 목격자들의 [진술]을 토대로 용의자를 검거했다.
　　①陳術　②進術　③陳述　④進述
14. 컴퓨터가 [고장]나서 업무를 중단했다.
　　①告將　②故障　③故將　④告障
15. 그녀는 계약서의 내용을 꼼꼼히 읽고 난 뒤에 서류에 [서명]하였다.
　　①序名　②序命　③署命　④署名

※ 주어진 뜻에 알맞은 한자어는?

16. 사실보다 지나치게 떠벌려 드러냄.
　　①誇張　②優劣　③信賴　④威脅
17. 눈물을 분비하는 샘.
　　①溶解　②森林　③錯雜　④淚腺
18. 절연이 불완전하여 전기의 일부가 전선 밖으로 새어 흐르는 현상.
　　①誤謬　②忌憚　③漏電　④憐憫
19. 일정한 단체나 부문에서, 주요한 축을 이루는 사람이나 대상.
　　①特殊　②主軸　③遷都　④安寧
20. 청하는 일을 하도록 들어줌.
　　①許諾　②哀悼　③狩獵　④捕虜
21. 전쟁의 시작을 알리는 소리 나는 화살. 모든 일의 시초.
　　①伴侶　②謀議　③超越　④嚆矢
22. 힘을 내도록 격려하여 용기를 북돋음.
　　①鼓吹　②堆積　③頃刻　④毁損
23. 음식을 장만하는 일.
　　①傲慢　②炊事　③琴瑟　④週末
24. 죽은 사람의 넋.
　　①翌日　②欺瞞　③靈魂　④寺刹
25. 맑고 푸른 하늘.
　　①汚染　②蒼空　③店鋪　④令孃

※ [　] 안에 들어갈 한자어로 알맞은 것은?

26. 사춘기에는 외모에 대한 [　]이 많아지는 편이다.
　　①苦悶　②把握　③招聘　④跳躍
27. 배우들이 촬영을 앞두고 저마다 [　]을 외우고 연습했다.
　　①鬼神　②輪廓　③戲弄　④臺本
28. 증거가 인멸되어 [　]에 차질이 생겼다.
　　①情緒　②零下　③搜査　④智慧

29. 기업 운영의 목적은 [　]의 추구이다.
　　① 睡眠　　② 遵法　　③ 缺乏　　④ 利潤
30. 선생님이 학생의 원고를 [　]해주었다.
　　① 添削　　② 忽然　　③ 啓蒙　　④ 揭揚

주관식 (주1~주70번)

※ 한자의 훈과 음을 쓰시오.
주1. 倒　　　（　　　　　　　　　）
주2. 拂　　　（　　　　　　　　　）
주3. 宣　　　（　　　　　　　　　）
주4. 囚　　　（　　　　　　　　　）
주5. 額　　　（　　　　　　　　　）
주6. 恥　　　（　　　　　　　　　）
주7. 浸　　　（　　　　　　　　　）
주8. 姪　　　（　　　　　　　　　）
주9. 響　　　（　　　　　　　　　）
주10. 委　　　（　　　　　　　　　）

※ 훈과 음에 맞는 한자를 〈보기〉에서 찾아 쓰시오.

〈보기〉	亞 斤 妥 府 麻 症 租 娘 絃 豚

주11. 관청　　　부　　（　　　　　）
주12. 조세　　　조　　（　　　　　）
주13. 줄　　　　현　　（　　　　　）
주14. 삼　　　　마　　（　　　　　）
주15. 돼지　　　돈　　（　　　　　）

※ 한자어의 독음을 쓰시오.
주16. 校訂　　（　　　　　　　　　）
주17. 機械　　（　　　　　　　　　）
주18. 氣像　　（　　　　　　　　　）
주19. 盜用　　（　　　　　　　　　）
주20. 妨害　　（　　　　　　　　　）
주21. 潮流　　（　　　　　　　　　）
주22. 閑暇　　（　　　　　　　　　）
주23. 後悔　　（　　　　　　　　　）
주24. 憂慮　　（　　　　　　　　　）

주25. 提唱　　（　　　　　　　　　）
주26. 鎭靜　　（　　　　　　　　　）
주27. 負傷　　（　　　　　　　　　）
주28. 濟州　　（　　　　　　　　　）
주29. 政黨　　（　　　　　　　　　）
주30. 弔客　　（　　　　　　　　　）
주31. 司正　　（　　　　　　　　　）
주32. 條件　　（　　　　　　　　　）

※ 〈보기〉의 뜻을 참고하여 ○ 안에 공통으로 들어
　 갈 한자를 쓰시오.
주33. (1) 距○ (2) ○散　　　　（　　　　）

〈보기〉	(1) 서로 떨어져 있는 두 곳 사이의 길이. (2) 헤어져 흩어짐.

주34. (1) ○受 (2) ○有　　　　（　　　　）

〈보기〉	(1) 복이나 혜택 따위를 받아서 누림. (2) 누리어 가짐.

주35. (1) ○合 (2) ○立　　　　（　　　　）

〈보기〉	(1) 여럿을 한데 모아 한 덩어리로 짬. (2) 여러 부품을 하나의 구조물로 짜 맞춤.

※ ○ 안에 공통으로 들어갈 한자를 〈보기〉에서 찾
　 아 쓰시오.

〈보기〉	資 置 堤 彈 複 驛

주36. 裝○　　　位○　　　配○　　（　　　　）
주37. ○料　　　投○　　　○金　　（　　　　）
주38. ○寫　　　○式　　　重○　　（　　　　）

※ 문장에서 잘못 쓴 한자를 바르게 고쳐 쓰시오.
　 (단, 음이 같은 한자로 고칠 것)
주39. 우리는 여행 중 사고에 대비하기 위해 여행
　　 자 保驗에 가입했다.
　　　　　　　　　（　　　→　　　）
주40. 마침내 두 팀이 결승전에서 格突했다.
　　　　　　　　　（　　　→　　　）

※ [   ] 안의 단어를 한자로 쓰시오.

주41. 그는 많은 사람들의 존경을 받은 [**청백리**] 였다.　　　　　　　　　(　　　　　)

주42. 이번 학기에 장학금 [**혜택**]을 받게 되었다.
　　　　　　　　　　　　（　　　　　）

주43. 그는 올해 [**박사**]학위를 취득하였다.
　　　　　　　　　　　　（　　　　　）

주44. 독재에 [**항거**]하면서 민주화운동이 확산되었다.　　　　　　　　　（　　　　　）

주45. 계획안의 일부 [**항목**]이 수정되었다.
　　　　　　　　　　　　（　　　　　）

※ [   ] 안의 한자어의 독음을 쓰시오.

주46. 이번 경기에서 그는 금메달을 [獲得]했다.
　　　　　　　　　　　　（　　　　　）

주47. 오랜 가뭄으로 인해 나무들이 [枯死]했다.
　　　　　　　　　　　　（　　　　　）

주48. 그날로부터 안일과 [懶怠]에 젖은 생활을 과감히 청산하기로 마음먹었다.
　　　　　　　　　　　　（　　　　　）

주49. 식물 [圖鑑]에는 처음 보는 나무들도 많이 있다.　　　　　　　　　（　　　　　）

주50. 감독은 휴식 시간에 선수들의 [奮發]을 촉구하였다.　　　　　　（　　　　　）

주51. 광복절 특사로 그의 동생이 [赦免]복권되었다.　　　　　　　　　（　　　　　）

주52. 해충을 구제하기 위해 농약을 [撒布]하였다.　　　　　　　　　（　　　　　）

주53. 항공기가 활주로 주변을 [旋回]하고 있다.
　　　　　　　　　　　　（　　　　　）

주54. 그의 말은 아이의 [純粹]한 동심을 지켜주기 위한 하얀 거짓말이었다.（　　　　　）

주55. 내가 저지른 잘못에 대해 [自愧]감에 빠졌다.　　　　　　　　　（　　　　　）

주56. [尖端]산업을 기반으로 고속 성장한 기업이 있다.　　　　　　　（　　　　　）

주57. 결국 노력만이 성공의 [捷徑]이다.
　　　　　　　　　　　　（　　　　　）

주58. 노년층의 인구 [比率]이 갈수록 높아지고 있다.　　　　　　　　（　　　　　）

주59. 그녀는 [螢雪]의 공을 쌓은 덕에 지금의 성공을 누리고 있다.（　　　　　）

주60. 이번 학기에는 수학시간에 [微分]을 배운다.　　　　　　　　　（　　　　　）

주61. 그녀는 자신의 연구 성과에 대한 [矜持]가 상당히 높았다.　　　（　　　　　）

주62. [三綱] 행실도에는 조선시대의 윤리와 가치관이 반영되어 있다.（　　　　　）

주63. 오랜 [旱魃]로 농민이 시름에 잠겼다.
　　　　　　　　　　　　（　　　　　）

주64. 술과 노름에 대한 [耽溺]으로 그는 패가망신하고 말았다.（　　　　　）

주65. 연일 계속된 폭우로 농작물이 유실되면서 야채와 과일의 값이 [急騰]했다.
　　　　　　　　　　　　（　　　　　）

※ 한자성어의 설명을 읽고 ○ 안에 들어갈 한자를 차례대로 쓰시오.

주66. ○ 想 天 ○　　　　　（　　,　　）

[**기상천외**] 생각이나 착상이 보통 사람은 쉽게 상상할 수 없을 정도로 엉뚱하고 기발함.

주67. ○ 興 ○ 使　　　　　（　　,　　）

[**함흥차사**] 함흥으로 간 차사라는 뜻으로, 심부름을 가서 아무 소식이 없이 돌아오지 않거나 늦게 오는 사람을 비유적으로 이르는 말.

주68. 花 ○ 月 ○　　　　　（　　,　　）

[**화용월태**] 꽃다운 얼굴과 달 같은 자태라는 뜻으로 아름다운 여인의 얼굴과 맵시를 이르는 말.

주69. ○ 時 之 ○　　　　　（　　,　　）

[**만시지탄**] 시기에 늦어 기회를 놓쳤음을 안타까워하는 탄식.

주70. 金 ○ ○ 約　　　　　（　　,　　）

[**금석맹약**] 쇠나 돌처럼 굳고 변함없는 약속.

－ 수고하셨습니다 －

한자실력급수 자격시험 3급 연습문제 〈11〉

객관식 (1~30번)

※ [　] 안의 한자와 음이 같은 한자는?
1. [姑] ① 耕　② 斗　③ 揮　④ 庫
2. [企] ① 匹　② 幾　③ 鼻　④ 從
3. [盜] ① 察　② 員　③ 徒　④ 迎
4. [恕] ① 序　② 糧　③ 職　④ 指
5. [濟] ① 餓　② 勤　③ 第　④ 評

※ [　] 안의 한자와 뜻이 비슷하거나 같은 한자는?
6. [欺] ① 叔　② 詐　③ 弓　④ 祭
7. [蔬] ① 暑　② 宜　③ 錢　④ 菜

※ [　] 안의 한자와 뜻이 반대되거나 상대되는 한자는?
8. [負] ① 勝　② 腹　③ 付　④ 輩
9. [吸] ① 呼　② 雅　③ 其　④ 射

※ 〈보기〉의 단어들과 가장 관련이 깊은 한자는?

10.
〈보기〉	신	기원	제물

　① 抵　② 稿　③ 苟　④ 祀

11.
〈보기〉	공무	행정	관리

　① 裕　② 毒　③ 署　④ 哲

12.
〈보기〉	물	세제	빨래

　① 契　② 濯　③ 販　④ 悠

※ [　] 안의 단어를 한자로 알맞게 쓴 것은?
13. 연주자는 피아노 위에 [악보]를 올려놓았다.
　① 樂譜　② 惡寶　③ 樂寶　④ 惡譜
14. 이른 봄에 핀 [매화]의 향기가 향긋했다.
　① 賣和　② 梅花　③ 梅和　④ 賣花
15. 개량된 증기 [기관]은 산업 발전에 큰 공헌을 했다.
　① 器關　② 器冠　③ 機冠　④ 機關

※ 주어진 뜻에 알맞은 한자어는?
16. 남의 권리를 침해한 사람이 그 손해를 물어줌.
　① 媒體　② 巧妙　③ 賠償　④ 鼓吹
17. 액을 당할 운세.
　① 厄運　② 威脅　③ 錯雜　④ 疾病
18. 자석의 서로 끌고 미는 힘.
　① 翌日　② 磁力　③ 慨歎　④ 萌芽
19. 세로와 가로를 아울러 이르는 말.
　① 迷信　② 厭世　③ 縱橫　④ 羞恥
20. 티끌과 흙을 아울러 이르는 말.
　① 徐行　② 膠着　③ 弊社　④ 塵土
21. 수량이 차례로 점차 늚.
　① 鬱蒼　② 遷都　③ 遞增　④ 乾燥
22. 큰 세력을 가진 가문의 일족.
　① 莊園　② 琢磨　③ 金融　④ 族閥
23. 비석에 새긴 글.
　① 穴居　② 碑銘　③ 遺蹟　④ 茅屋
24. 아이를 밴 기미.
　① 胎氣　② 振幅　③ 冥府　④ 禪宗
25. 많이 덮쳐져 쌓임. 또는 많이 덮쳐 쌓음.
　① 垈地　② 姙娠　③ 輔國　④ 堆積

※ [　] 안에 들어갈 한자어로 알맞은 것은?
26. [　]없는 소문을 듣고 남을 의심해서는 안 된다.
　① 防禦　② 覆蓋　③ 根據　④ 蒙昧
27. 원유 가격이 [　]하자 원자재 가격도 함께 상승했다.
　① 汚染　② 急騰　③ 描寫　④ 宮闕
28. 식자재를 급속 [　]하여 가공 또는 보존하기도 한다.
　① 冷却　② 無影　③ 闊葉　④ 綿織
29. 글을 읽을 때는 [　]을/를 파악하는 것이 중요하다.
　① 交換　② 顚倒　③ 脈絡　④ 酷寒
30. [　]을/를 만들거나 수선하는 곳을 '조선소'라고 한다.
　① 幼稚　② 激勵　③ 船舶　④ 沒入

주관식 (주1~주70번)

※ 한자의 훈과 음을 쓰시오.
주1. 豚　　　　（　　　　　　　）
주2. 卜　　　　（　　　　　　　）
주3. 司　　　　（　　　　　　　）
주4. 障　　　　（　　　　　　　）
주5. 珍　　　　（　　　　　　　）
주6. 礎　　　　（　　　　　　　）
주7. 昏　　　　（　　　　　　　）
주8. 刻　　　　（　　　　　　　）
주9. 了　　　　（　　　　　　　）
주10. 頌　　　　（　　　　　　　）

※ 훈과 음에 맞는 한자를 〈보기〉에서 찾아 쓰시오.

〈보기〉	券 嶺 奴 池 秩 稱 浸 帳 映 賊

주11. 비칠　　　영　　　（　　　　　）
주12. 적실　　　침　　　（　　　　　）
주13. 문서　　　권　　　（　　　　　）
주14. 휘장　　　장　　　（　　　　　）
주15. 못　　　　지　　　（　　　　　）

※ 한자어의 독음을 쓰시오.
주16. 干拓　　　（　　　　　　　）
주17. 講論　　　（　　　　　　　）
주18. 兼事　　　（　　　　　　　）
주19. 鎭定　　　（　　　　　　　）
주20. 黨略　　　（　　　　　　　）
주21. 反響　　　（　　　　　　　）
주22. 抗戰　　　（　　　　　　　）
주23. 嶺西　　　（　　　　　　　）
주24. 優良　　　（　　　　　　　）
주25. 郵政　　　（　　　　　　　）
주26. 恩澤　　　（　　　　　　　）
주27. 京畿　　　（　　　　　　　）
주28. 寄宿舍　　　（　　　　　　　）

주29. 項羽　　　（　　　　　　　　　　　）
주30. 妻妾　　　（　　　　　　　　　　　）
주31. 庶務　　　（　　　　　　　　　　　）
주32. 驛前　　　（　　　　　　　　　　　）

※ 〈보기〉의 뜻을 참고하여 ○ 안에 공통으로 들어
갈 한자를 쓰시오.

주33. (1) ○害　(2) ○告　　　（　　　　　）

〈보기〉	(1) 생명, 신체, 재산, 명예 따위에 손해를 입음. (2) 소송을 당한 측의 당사자.

주34. (1) ○巖　(2) ○數　　　（　　　　　）

〈보기〉	(1) 기이하게 생긴 바위 (2) 2로 나누어서 나머지 1이 남는 수. 홀수.

주35. (1) 校○　(2) ○正　　　（　　　　　）

〈보기〉	(1) 책의 잘못된 글자나 글귀 따위를 고치는 일. (2) 잘못을 고쳐서 바로잡음.

※ ○ 안에 공통으로 들어갈 한자를 〈보기〉에서 찾
아 쓰시오.

〈보기〉	突 堤 涯 慣 睦 衛

주36. ○破　　　追○　　　○進　　　（　　　　）
주37. 生○　　　○限　　　天○　　　（　　　　）
주38. ○例　　　○性　　　習○　　　（　　　　）

※ 문장에서 잘못 쓴 한자를 바르게 고쳐 쓰시오.
（단, 음이 같은 한자로 고칠 것）
주39. 그녀는 그들의 주장에 지닌 孟點을 지적하
고 반박했다.　　　（　　　→　　　）
주40. 그 柱式회사는 첫 주주 총회를 열어 대표
이사 등 임원진을 선출한다고 밝혔다.
　　　　　　　　　　（　　　→　　　）

※ [　] 안의 단어를 한자로 쓰시오.
주41. 박물관에는 많은 유물들이 [보관]되어 있
다.　　　　　　　　（　　　　　　　）
주42. [비만]이 사회적 문제로 대두되었다.
　　　　　　　　　　（　　　　　　　）

주43. 이제는 남녀 간 차이를 인정하되 [차별]이
     있어서는 안 된다.   (   )
주44. 스승의 미발표 유고를 모아 책으로 [출간]
     했다.   (   )
주45. 나는 친구에게 불만을 [토로]했다.
                         (   )

※ [   ] 안의 한자어의 독음을 쓰시오.
주46. 진심으로 잘못을 뉘우치는 그에게 [寬容]
     을 베풀었다.   (   )
주47. 우리나라 [洞窟]에서 발견되는 박쥐는 8종
     정도이다.   (   )
주48. 그녀는 작가의 [敍述] 방식에 주목하여 작
     품을 분석했다.   (   )
주49. [需要]보다 공급이 많아지면 가격이 떨어
     진다.   (   )
주50. 세련된 헤어스타일은 그녀의 [美貌]를 더
     욱 돋보이게 했다.   (   )
주51. 그의 재치 있는 말 한마디에 온갖 [煩惱]
     가 사라졌다.   (   )
주52. 이번 호 잡지는 [附錄]으로 에코백을 제공
     했다.   (   )
주53. 영양소를 골고루 [攝取]하기 위해서는 편
     식을 해서는 안 된다.   (   )
주54. 어른들의 방임 속에 많은 아동들이 [虐待]
     받고 있음을 잊어서는 안 된다.
                         (   )
주55. 그는 [裁判]에서 이김으로 명예를 회복할
     수 있었다.   (   )
주56. 다이어트를 위해 동물성 [脂肪]의 섭취를
     줄였다.   (   )
주57. 감기가 심해져서 동네 내과에 가서 [診療]
     를 받았다.   (   )
주58. 고향에 계시는 부모님께 [書翰]을 보냈다.
                         (   )
주59. 우리 집 앞마당에 [苗木]을 심었다.
                         (   )

주60. 사람들의 불안한 마음을 노리는 [似而非]
     종교가 기승을 부리고 있다.
                              (   )
주61. 무절제한 [貪慾]은 결국 모든 것을 잃게
     만든다.   (   )
주62. 이곳은 홍수의 발생 [頻度]가 높으므로 장
     마 때 특히 주의해야 한다.(   )
주63. 이 약품은 차가운 물에서도 잘 [溶解]된
     다.   (   )
주64. 이모는 자연 [分娩]으로 쌍둥이를 낳았다.
                         (   )
주65. 구름이 걷히면서 어둠 속 범인의 [輪廓]이
     드러났다.   (   )

※ 한자성어의 설명을 읽고 ○ 안에 들어갈 한자를
   차례대로 쓰시오.
주66. ○ 終 一 ○   (,   )

[시종일관] 처음부터 끝까지 한결같음.

주67. 如 ○ ○ 氷   (,   )

[여리박빙] 살얼음을 밟는 것과 같다는 뜻으로, 아
슬아슬하고 위험함을 이르는 말.

주68. ○ 益 人 ○   (,   )

[홍익인간] 널리 인간세계를 이롭게 한다는 뜻으로,
우리나라의 건국 시조인 단군의 건국 이념.

주69. 兄 ○ 弟 ○   (,   )

[형우제공] 형은 아우를 사랑하고 동생은 형을 공
경한다는 뜻으로, 형제간에 서로 우애 깊음을 뜻함.

주70. ○ 飛 ○ 落   (,   )

[오비이락] 까마귀 날자 배 떨어진다는 뜻으로, 아무
관계도 없이 한 일이 공교롭게도 때가 같아 억울하게
의심을 받거나 난처한 위치에 서게 됨을 이르는 말.

- 수고하셨습니다. -

한자실력급수 자격시험 **3급** 연습문제 〈12〉

※ [　] 안의 한자와 음이 같은 한자는?

1. [銅] ① 是　② 囚　③ 童　④ 晴
2. [返] ① 般　② 濯　③ 烏　④ 敵
3. [邦] ① 距　② 述　③ 礎　④ 房
4. [府] ① 資　② 副　③ 吏　④ 奇
5. [髮] ① 租　② 發　③ 須　④ 模

※ [　] 안의 한자와 뜻이 비슷하거나 같은 한자는?

6. [確] ① 固　② 險　③ 恥　④ 械
7. [慣] ① 誌　② 帶　③ 習　④ 批

※ [　] 안의 한자와 뜻이 반대되거나 상대되는 한자는?

8. [淺] ① 貫　② 哲　③ 版　④ 深
9. [壤] ① 豚　② 覺　③ 拓　④ 天

※ 〈보기〉의 단어들과 가장 관련이 깊은 한자는?

10.

〈보기〉	외곽	선분	주위

　① 邊　② 姦　③ 潮　④ 司

11.

〈보기〉	두루	널리	일반

　① 捕　② 普　③ 額　④ 享

12.

〈보기〉	밀	설탕	소금

　① 恭　② 揮　③ 粉　④ 龍

※ [　] 안의 단어를 한자로 알맞게 쓴 것은?

13. 선수들이 심판의 판정에 [항의]했다.
　① 抗議　② 恒儀　③ 抗儀　④ 恒議
14. [매실]을 수확하여 장아찌로 만들었다.
　① 賣實　② 賣室　③ 梅室　④ 梅實
15. 그는 양자를 들여 자기 [호적]에 올렸다.
　① 戶的　② 號的　③ 戶籍　④ 號籍

※ 주어진 뜻에 알맞은 한자어는?

16. 아주 짧은 시간.
　① 要塞　② 頃刻　③ 矯正　④ 攻擊

17. 꼭두각시. 남의 앞잡이가 되어 이용당하는 사람.
　① 回顧　② 腰痛　③ 傀儡　④ 絞首
18. 여럿 가운데에서 가장 뛰어난 사람이나 훌륭한 물건.
　① 貢獻　② 白眉　③ 教鞭　④ 懲罰
19. 부부 사이의 정.
　① 琴瑟　② 搖籃　③ 騷音　④ 滅亡
20. 서로 맞부딪치거나 맞섬.
　① 結晶　② 燦爛　③ 謙遜　④ 衝突
21. 넓고 큰 잎사귀.
　① 闊葉　② 飢餓　③ 攝取　④ 隔差
22. 기둥과 들보를 아울러 이르는 말.
　① 拉致　② 殉葬　③ 棟梁　④ 匠人
23. 지면에 비어 있는 칸.
　① 趨勢　② 空欄　③ 平衡　④ 洞窟
24. 한 나라에서 공용어로 쓰는 규범으로서의 언어.
　① 名詞　② 民譚　③ 諫言　④ 標準語
25. 천둥과 번개.
　① 解夢　② 紹介　③ 誓約　④ 雷電

※ [　] 안에 들어갈 한자어로 알맞은 것은?

26. 광부들이 무너진 탄광의 [　]에 갇혔다가 무사히 구조되었다.
　① 滄海　② 坑道　③ 懶怠　④ 媒體
27. 직원들이 체불된 [　]의 지급을 요구하며 탄원서를 제출하였다.
　① 縮尺　② 寡占　③ 賃金　④ 透明
28. 대법원은 해당 기업이 유가족들에게 [　]하라는 판결을 내렸다.
　① 賠償　② 檀君　③ 凱旋　④ 山岳
29. 그녀는 신체적 [　]와 사회적 편견을 이겨내고 피아니스트로서 성공하였다.
　① 稀少　② 崩壞　③ 障碍　④ 鑄造
30. 사고 현장에는 피해자들의 [　]가 이어졌다.
　① 贈與　② 奢侈　③ 情緒　④ 絕叫

※ 한자의 훈과 음을 쓰시오.
주1. 畿　　　(　　　　　　　　)
주2. 逃　　　(　　　　　　　　)
주3. 履　　　(　　　　　　　　)
주4. 腹　　　(　　　　　　　　)
주5. 衛　　　(　　　　　　　　)
주6. 雅　　　(　　　　　　　　)
주7. 映　　　(　　　　　　　　)
주8. 盜　　　(　　　　　　　　)
주9. 側　　　(　　　　　　　　)
주10. 構　　　(　　　　　　　　)

※ 훈과 음에 맞는 한자를 〈보기〉에서 찾아 쓰시오.

〈보기〉	苟 毒 峯 侵 抵 拂 濟 稿 鎭 張

주11. 침노할　침　　(　　　　　)
주12. 봉우리　봉　　(　　　　　)
주13. 떨칠　불　　(　　　　　)
주14. 건널　제　　(　　　　　)
주15. 진압할　진　　(　　　　　)

※ 한자어의 독음을 쓰시오.
주16. 劃順　　(　　　　　　　)
주17. 交響曲　(　　　　　　　)
주18. 博覽會　(　　　　　　　)
주19. 栗谷　　(　　　　　　　)
주20. 專擔　　(　　　　　　　)
주21. 證券　　(　　　　　　　)
주22. 債務　　(　　　　　　　)
주23. 超脫　　(　　　　　　　)
주24. 弔旗　　(　　　　　　　)
주25. 環刀　　(　　　　　　　)
주26. 黃昏　　(　　　　　　　)
주27. 旬報　　(　　　　　　　)

주28. 弘益　　(　　　　　　　　　)
주29. 陣營　　(　　　　　　　　　)
주30. 建築物　(　　　　　　　　　)
주31. 健忘症　(　　　　　　　　　)
주32. 講演　　(　　　　　　　　　)

※ 〈보기〉의 뜻을 참고하여 ○ 안에 공통으로 들어갈 한자를 쓰시오.
주33. (1) ○敏　(2) ○利　　　(　　　　　)

〈보기〉	(1) 반응이나 감각이 매우 날카로움. (2) 날이 서 있거나 끝이 뾰족함.

주34. (1) 選○　(2) ○日　　　(　　　　　)

〈보기〉	(1) 여럿 가운데서 필요한 것을 골라 뽑음. (2) 좋은 날짜를 고름.

주35. (1) 缺○　(2) ○路　　　(　　　　　)

〈보기〉	(1) 정기적으로 다니는 배나 비행기가 운항을 멈춤. (2) 배가 다니는 길. 또는 비행기가 날아다니는 하늘의 길.

※ ○ 안에 공통으로 들어갈 한자를 〈보기〉에서 찾아 쓰시오.

〈보기〉	羽 雜 咸 盟 派 澤

주36. 學○　　流○　　黨○　　(　　　　　)
주37. 德○　　恩○　　光○　　(　　　　　)
주38. ○草　　○談　　混○　　(　　　　　)

※ 문장에서 잘못 쓴 한자를 바르게 고쳐 쓰시오. (단, 음이 같은 한자로 고칠 것)
주39. 제주도는 지질학적 연구 價置가 매우 높은 지역이므로 보전에 힘써야 한다.
　　　　　　　(　　　　→　　　　)
주40. 사람들은 그의 획기적인 齊案에 동의하였다.
　　　　　　　(　　　　→　　　　)

※ [　　] 안의 단어를 한자로 쓰시오.
주41. 홍콩, 싱가포르 등지는 중계 [무역]의 중심지였다.
　　　　　　　(　　　　　　　　　)

주42. 이사 갈 집에 새로 도배할 [**벽지**]를 골랐
　　　다.　　　　　　　　（　　　　　　　）
주43. 우리는 [**보충**] 설명을 시작했다.
　　　　　　　　　　　　（　　　　　　　）
주44. 아버지께서는 [**여가**]시간을 이용하여 바둑
　　　을 두신다.　　　　（　　　　　　　）
주45. 매주 일요일은 쓰레기를 [**분리**]수거하는 날
　　　이다.　　　　　　　（　　　　　　　）

※ [　　] 안의 한자어의 독음을 쓰시오.
주46. 본래 모스크바 삼상 회의 결정의 주된 내용
　　　은 [信託] 통치가 아니라 민주적 임시 정
　　　부 수립이었다.　　（　　　　　　　）
주47. 그들은 황무지를 [沃土]로 일구었다.
　　　　　　　　　　　　（　　　　　　　）
주48. 농촌진흥청은 돼지껍질에서 성장 촉진에 효
　　　과가 있는 콜라겐을 [抽出]하는 데 성공하
　　　였다.　　　　　　　（　　　　　　　）
주49. 새로운 생명의 [誕生]은 언제나 신비로운
　　　일이다.　　　　　　（　　　　　　　）
주50. 그녀는 몇 가지 단서를 본 것만으로 사건의
　　　진상을 [把握]해냈다.　（　　　　　　　）
주51. [廢鑛]지역을 관광농원으로 개발하였다.
　　　　　　　　　　　　（　　　　　　　）
주52. [還穀]은 본래 가난한 백성을 위한 제도였
　　　다.　　　　　　　　（　　　　　　　）
주53. 오래된 음식 폐기물에서 심한 [惡臭]가 난
　　　다.　　　　　　　　（　　　　　　　）
주54. 그는 어떠한 [誘惑]에도 흔들리지 않고 공
　　　부에 매진했다.　　（　　　　　　　）
주55. 하구에는 물살에 실려 온 모래가 오랫동안
　　　[堆積]되어 있었다.　（　　　　　　　）
주56. 허가받은 약사만이 처방전에 따라 의약품을
　　　[調劑]할 수 있다.　（　　　　　　　）
주57. 아리비아[灣]은 동서 교통 요충지이며, 지
　　　금은 해저 유전으로 유명하다.　（　　　　）
주58. 높은 산으로 올라가면 [氣壓]이 낮아져 귀
　　　가 먹먹해진다.　　（　　　　　　　）

주59. 용액을 물로 희석하여 [濃度]를 낮추었다.
　　　　　　　　　　　　（　　　　　　　）
주60. [酷寒] 속에서도 강도 높은 훈련이 실시되
　　　었다.　　　　　　　（　　　　　　　）
주61. 무속에서는 인간을 육신과 [靈魂]의 결합
　　　체로 본다.　　　　（　　　　　　　）
주62. 그는 함부로 남을 [欺瞞]할 사람이 아니다.
　　　　　　　　　　　　（　　　　　　　）
주63. [抄錄]을 읽고 논문의 전체적인 내용을 파
　　　악하였다.　　　　（　　　　　　　）
주64. 서양 중세시대 영주들은 [莊園]을 지배하며
　　　경제적 독립성을 유지했다. （　　　　　）
주65. 해녀들은 [潛水]하여 소라, 전복 등 해산
　　　물을 채취한다.　　（　　　　　　　）

※ 한자성어의 설명을 읽고 ○ 안에 들어갈 한자를
　　차례대로 쓰시오.
주66. ○ 柔 不 ○　　　　　　（　　，　　）

[**우유부단**] 어물거리며 망설이기만 하고 결단성이
없음.

주67. 炎 涼 ○ ○　　　　　　（　　，　　）

[**염량세태**] 뜨거웠다가 차가워지는 세태라는 뜻으로,
권세가 있을 때는 아첨하여 따르고 권세가 없어지면
푸대접하는 세상의 인심을 비유적으로 이르는 말.

주68. 群 ○ ○ 象　　　　　　（　　，　　）

[**군맹평상**] 맹인 여럿이 코끼리를 평한다는 뜻으로,
모든 사물을 자기의 좁은 소견과 주관으로 그릇되게
판단하는 것을 비유적으로 이르는 말.

주69. ○ 臣 ○ 子　　　　　　（　　，　　）

[**난신적자**] 나라를 어지럽히는 신하와 어버이에게
불효하는 자식이라는 뜻으로 나라를 어지럽히는 불
충한 무리를 비유적으로 이르는 말.

주70. 苦 ○ 之 ○　　　　　　（　　，　　）

[**고육지책**] 자기 몸을 상해 가면서까지 꾸며 내는
계책이라는 뜻으로, 어려운 상태를 벗어나기 위해
어쩔 수 없이 꾸며 내는 계책을 이르는 말.

– 수고하셨습니다 –

한자실력급수 자격시험 3급 연습문제 〈13〉

객관식 (1~30번)

※ [   ] 안의 한자와 음이 같은 한자는?

1. [詐] ① 損　② 債　③ 墨　④ 師
2. [捨] ① 緣　② 銳　③ 謝　④ 架
3. [疑] ① 意　② 已　③ 妙　④ 抵
4. [享] ① 暖　② 響　③ 莫　④ 涯
5. [避] ① 派　② 彼　③ 便　④ 壁

※ [   ] 안의 한자와 뜻이 비슷하거나 같은 한자는?

6. [祈] ① 驛　② 複　③ 邦　④ 願
7. [憲] ① 法　② 鉛　③ 妨　④ 豚

※ [   ] 안의 한자와 뜻이 반대되거나 상대되는 한자는?

8. [雅] ① 繁　② 謹　③ 俗　④ 航
9. [攻] ① 苟　② 守　③ 珍　④ 澤

※ 〈보기〉의 단어들과 가장 관련이 깊은 한자는?

10.

〈보기〉	공	알약	방울

　① 泳　② 慕　③ 丸　④ 博

11.

〈보기〉	뉴런	해마	기억

　① 腦　② 妾　③ 拂　④ 蓮

12.

〈보기〉	법률	원고	피고

　① 履　② 腹　③ 盲　④ 訟

※ [   ] 안의 단어를 한자로 알맞게 쓴 것은?

13. 호남평야는 우리나라 제일의 [곡창]지대이다.
　① 穀倉　② 曲唱　③ 穀唱　④ 曲倉
14. 직원들이 회의를 앞두고 [분주]히 움직였다.
　① 粉住　② 奔走　③ 奔住　④ 粉走
15. 이번 사건은 [각박]한 이기주의 세태에 경종을 울렸다.
　① 覺薄　② 覺朴　③ 刻朴　④ 刻薄

※ 주어진 뜻에 알맞은 한자어는?

16. 얼어서 죽음.
　① 舞踊　② 脂肪　③ 凍死　④ 陋名
17. 콧구멍에서 목젖 윗부분에 이르는 빈 곳.
　① 姙娠　② 虐待　③ 鼻腔　④ 輔國
18. 거꾸로 됨.
　① 訃告　② 顚倒　③ 誹謗　④ 陶工
19. 땅이 흔들리고 갈라지는 지각 변동현상.
　① 地震　② 騷音　③ 燦爛　④ 結晶
20. 주로 발로 공을 차서 상대편의 골에 많이 넣는 것을 겨루는 경기.
　① 懲罰　② 誘惑　③ 教鞭　④ 蹴球
21. 속까지 환히 트여 맑음.
　① 辭典　② 透明　③ 解剖　④ 錦繡
22. 주로 육식을 하는 사나운 짐승.
　① 颱風　② 函數　③ 編輯　④ 猛獸
23. 논밭에 곡식의 씨앗을 뿌림
　① 概念　② 受侮　③ 播種　④ 絞首
24. 물건 등을 옮겨 나름.
　① 運搬　② 掛圖　③ 纖維　④ 膽囊
25. 때를 늦추거나 질질 끎.
　① 蔑視　② 遲滯　③ 奴隷　④ 巷說

※ [   ] 안에 들어갈 한자어로 알맞은 것은?

26. 그는 횡령 혐의로 [   ]되었다.
　① 渡河　② 垂簾　③ 拘束　④ 咽喉
27. 그들은 자신의 지위와 실력에 [   ]를 가지고 있다.
　① 矜持　② 要塞　③ 宗廟　④ 倦怠
28. 원자력 발전은 핵이 [   ]하면서 발생하는 열로 전기를 만드는 방식이다.
　① 斜陽　② 寓話　③ 審議　④ 分裂
29. 돼지는 [   ]을 상징하는 동물이다.
　① 貪慾　② 隨筆　③ 振動　④ 塗褙
30. 물류가 급증하여 창고가 [   ] 상태에 이르렀다.
　① 飽和　② 郊外　③ 天賦　④ 趨勢

※ 한자의 훈과 음을 쓰시오.
주1. 丈　　　　　(　　　　　　　)
주2. 介　　　　　(　　　　　　　)
주3. 孔　　　　　(　　　　　　　)
주4. 斤　　　　　(　　　　　　　)
주5. 梅　　　　　(　　　　　　　)
주6. 睦　　　　　(　　　　　　　)
주7. 髮　　　　　(　　　　　　　)
주8. 亂　　　　　(　　　　　　　)
주9. 斯　　　　　(　　　　　　　)
주10. 嶺　　　　(　　　　　　　)

※ 훈과 음에 맞는 한자를 〈보기〉에서 찾아 쓰시오.

〈보기〉	姦 庶 述 吐 役 堤 潮 被 龍 衛

주11. 입을　　피　　　(　　　　　)
주12. 여러　　서　　　(　　　　　)
주13. 지을　　술　　　(　　　　　)
주14. 둑　　　제　　　(　　　　　)
주15. 지킬　　위　　　(　　　　　)

※ 한자어의 독음을 쓰시오.
주16. 冠禮　　　　(　　　　　　　)
주17. 官吏　　　　(　　　　　　　)
주18. 陳列　　　　(　　　　　　　)
주19. 淸海鎭　　　(　　　　　　　)
주20. 構想　　　　(　　　　　　　)
주21. 候補　　　　(　　　　　　　)
주22. 株主　　　　(　　　　　　　)
주23. 榮辱　　　　(　　　　　　　)
주24. 公演　　　　(　　　　　　　)
주25. 朝貢　　　　(　　　　　　　)
주26. 哲學　　　　(　　　　　　　)
주27. 總督　　　　(　　　　　　　)
주28. 態度　　　　(　　　　　　　)
주29. 抱負　　　　(　　　　　　　)
주30. 姪婦　　　　(　　　　　　　)
주31. 調整　　　　(　　　　　　　)
주32. 祕策　　　　(　　　　　　　)

※ 〈보기〉의 뜻을 참고하여 ○ 안에 공통으로 들어
갈 한자를 쓰시오.
주33. (1) ○邊　(2) ○圍　　　　(　　　　　)

〈보기〉	(1) 어떤 대상의 둘레. (2) 어떤 사물이나 사람을 둘러싸고 있는 것. 또는 그 환경.

주34. (1) ○否　(2) 抗○　　　　(　　　　　)

〈보기〉	(1) 상대편의 요구, 제안, 선물, 부탁 따위를 받아들이지 않고 물리침. (2) 맞서서 반항함.

주35. (1) 配○　(2) 念○　　　　(　　　　　)

〈보기〉	(1) 와주거나 보살펴 주려고 마음을 씀 (2) 일에 대하여 여러 가지로 마음을 써서 걱정함.

※ ○ 안에 공통으로 들어갈 한자를 〈보기〉에서 찾
아 쓰시오.

〈보기〉	宴　項　供　征　組　傾

주36. 移○　　事○　　○目　　　(　　　　　)
주37. 提○　　○給　　○覽　　　(　　　　　)
주38. ○織　　○合　　勞○　　　(　　　　　)

※ 문장에서 잘못 쓴 한자를 바르게 고쳐 쓰시오.
(단, 음이 같은 한자로 고칠 것)
주39. 폭설로 기차가 然着하였다.
　　　　　　　　　(　　　　→　　　　)
주40. 모두가 變張을 하고 서로 어울려 놀았다.
　　　　　　　　　(　　　　→　　　　)

※ [　] 안의 단어를 한자로 쓰시오.
주41. 어렸을 때부터 올바른 생활 [습관]을 기르
는 것이 매우 중요하다.　(　　　　　　)

주42. 출발시간까지 한 시간 정도의 [**여유**]가 있
다.　　　　　　　　　　（　　　　　）
주43. 그는 용모가 [**준수**]하고 가정 교육도 잘 받
은 사람이었다.　　　　（　　　　　）
주44. 발표문의 [**초고**]를 작성하였다.
　　　　　　　　　　　（　　　　　）
주45. 일회용 그릇과 수저는 설거지할 필요가 없
어 편리하지만 [**환경**] 오염을 초래할 수 있
다.　　　　　　　　　　（　　　　　）

※ [　　] 안의 한자어의 독음을 쓰시오.

주46. 두 사람은 우여곡절 끝에 [華燭]을 밝혔
다.　　　　　　　　　　（　　　　　）
주47. 군부독재시대에는 언론 출판물에 대한 사전
[檢閱]이 있었다.　　　（　　　　　）
주48. 판매한 제품에 [缺陷]이 발견되어 리콜을
실시하였다.　　　　　　（　　　　　）
주49. 이 도형은 [鈍角] 삼각형이다.
　　　　　　　　　　　（　　　　　）
주50. [發掘]된 유물들은 이곳이 왕궁터 였음을
입증해주었다.　　　　　（　　　　　）
주51. 의견이 [衝突]할 때에는 상대방의 의견을
잘 들어보고 대화로 풀어야 한다.
　　　　　　　　　　　（　　　　　）
주52. 인생의 [伴侶]는 신중히 정하여야 한다.
　　　　　　　　　　　（　　　　　）
주53. 택배는 [翌日] 오후에 배송될 예정이다.
　　　　　　　　　　　（　　　　　）
주54. 정부는 주변국과의 [紐帶]강화에 주력했
다.　　　　　　　　　　（　　　　　）
주55. 한순간의 부주의가 돌이킬 수 없는 [災殃]
을 초래할 수도 있다.　（　　　　　）
주56. 정원을 [超越]하자 승강기에 경고음이 울
렸다.　　　　　　　　　（　　　　　）
주57. 선생님의 칭찬과 [激勵]가 큰 힘이 되었
다.　　　　　　　　　　（　　　　　）
주58. 그녀는 나이에 어울리지 않게 간혹 [幼稚]
한 행동을 한다.　　　　（　　　　　）

주59. 컴퓨터 게임에 지나치게 [沒入]해서는 안
된다.　　　　　　　　　（　　　　　）
주60. 우리는 접시를 들고 각자의 [嗜好]에 따라
음식을 담아왔다.　　　（　　　　　）
주61. 할머니께서는 요즘 [腰痛]으로 고생하고
계신다.　　　　　　　　（　　　　　）
주62. 국가의 [隆盛]은 개인의 발전과도 관계가
있다.　　　　　　　　　（　　　　　）
주63. 그는 능숙하게 연필로 손님의 [肖像]을 그
렸다.　　　　　　　　　（　　　　　）
주64. 병아리는 암수를 [辨別]하기 어렵다.
　　　　　　　　　　　（　　　　　）
주65. 말이나 행동의 앞뒤가 서로 일치되지 않을
때 [矛盾]된다고 한다.　（　　　　　）

※ 한자성어의 설명을 읽고 ○ 안에 들어갈 한자를
차례대로 쓰시오.

주66. 酒 ○ 肉 ○　　　　　　　（　　，　　）

[**주지육림**] 술로 연못을 이루고 고기로 숲을 이룬
다는 뜻으로, 호사스러운 술잔치를 이르는 말.

주67. 心 ○ 一 ○　　　　　　　（　　，　　）

[**심기일전**] 어떤 동기에 의하여 지금까지 품었던
생각과 마음의 자세를 완전히 바꿈.

주68. 文 武 ○ ○　　　　　　　（　　，　　）

[**문무겸전**] 학문적 지식과 군사적 책략을 아울러
갖춤

주69. 金 ○ 玉 ○　　　　　　　（　　，　　）

[**금과옥조**] 금이나 옥처럼 귀중히 여겨 꼭 지켜야
할 법칙이나 규정.

주70. ○ 無 ○ 浪　　　　　　　（　　，　　）

[**허무맹랑**] 터무니없이 거짓되고 실속이 없음.

– 수고하셨습니다 –

객관식 (1~30번)

※ [　] 안의 한자와 음이 같은 한자는?
1. [介] ① 幾　② 廷　③ 階　④ 講
2. [鹿] ① 綠　② 聰　③ 呼　④ 限
3. [司] ① 哀　② 寫　③ 沿　④ 稅
4. [礎] ① 於　② 宇　③ 劃　④ 招
5. [浦] ① 秩　② 暑　③ 請　④ 包

※ [　] 안의 한자와 뜻이 비슷하거나 같은 한자는?
6. [避] ① 樣　② 誰　③ 逃　④ 列
7. [紛] ① 亂　② 環　③ 梅　④ 奔

※ [　] 안의 한자와 뜻이 반대되거나 상대되는 한자는?
8. [臥] ① 征　② 起　③ 吐　④ 斯
9. [姪] ① 叔　② 陣　③ 鎭　④ 嶺

※ 〈보기〉의 단어들과 가장 관련이 깊은 한자는?

10.
〈보기〉	위장	대장	콩팥

①亭　②腹　③悔　④鉛

11.
〈보기〉	생일	회갑	결혼

①憲　②峯　③宴　④額

12.
〈보기〉	신용	이자	담보

①腦　②突　③傾　④貸

※ [　] 안의 단어를 한자로 알맞게 쓴 것은?
13. 그녀는 남다른 안목으로 새로운 시장을 [개척] 하였다.
①個尺　②開拓　③開尺　④個拓
14. 사람들이 그의 [공적]을 비석에 새겼다.
①公績　②公的　③功的　④功績
15. 그는 올해 박사과정을 [수료]했다.
①修料　②收料　③修了　④收了

※ 주어진 뜻에 알맞은 한자어는?
16. 지는 햇빛. 새로운 것에 밀려 점점 몰락해 감.
①斜陽　②颱風　③辭典　④解剖

17. 자석이나 전류끼리, 또는 자석과 전류가 서로 끌어당기거나 밀어 냄으로써 서로에게 미치는 힘.
①函數　②宗廟　③磁力　④編輯
18. 용액의 묽고 진한 정도.
①濃度　②棟梁　③辨別　④遲滯
19. 그릇되어 이치에 맞지 않음.
①弊社　②誤謬　③檀君　④蔑視
20. 임금이 특정인에게 훈계하거나 알릴 내용을 적은 글이나 문서.
①祈禱　②微分　③螢雪　④勅書
21. 어떤 일을 지나치게 즐겨 거기에 빠짐.
①謙遜　②耽溺　③博物館　④疏遠
22. 전쟁이나 경기에서 이기고 돌아옴.
①鍼灸　②中庸　③凱旋　④鹽酸
23. 세상이나 인생을 괴롭게 여기고 싫증을 내는 것.
①厭世　②稻作　③墮落　④祿俸
24. 선사하여 줌. 또는 재산을 무상으로 타인에게 물려 줌.
①頓悟　②官僚　③右翼　④贈與
25. 사실과 다르게 해석하거나 그릇되게 함.
①附錄　②惡魔　③歪曲　④對酌

※ [　] 안에 들어갈 한자어로 알맞은 것은?
26. 그녀는 약속 시간과 장소를 수첩에 [　]하게 적어두었다.
①魂魄　②簡單　③葛藤　④混濁
27. 편의점, 음식점, 목욕탕 등은 [　] 생활 시설에 해당된다.
①近鄰　②幣帛　③畏敬　④誇張
28. 모든 사원들이 회사의 새로운 [　]을 위해 힘을 모았다.
①縱橫　②金融　③淚腺　④跳躍
29. 우리 형제는 우애가 무척 [　]하다.
①敦篤　②屯田　③蜂蜜　④樓閣
30. 그들은 전쟁의 [　]을 목격하고 할 말을 잃었다.
①遺蹟　②慘狀　③茅屋　④振幅

주관식 (주1~주70번)

※ 한자의 훈과 음을 쓰시오.

주1. 拳　　　（　　　　　　）

주2. 餓　　　（　　　　　　）

주3. 捕　　　（　　　　　　）

주4. 織　　　（　　　　　　）

주5. 雜　　　（　　　　　　）

주6. 宜　　　（　　　　　　）

주7. 贊　　　（　　　　　　）

주8. 梨　　　（　　　　　　）

주9. 較　　　（　　　　　　）

주10. 亞　　　（　　　　　　）

※ 훈과 음에 맞는 한자를 〈보기〉에서 찾아 쓰시오.

〈보기〉	克 咸 岸 築 捨 測 映 評 聯 銘

주11. 언덕　　안　　（　　　　　）

주12. 버릴　　사　　（　　　　　）

주13. 헤아릴　측　　（　　　　　）

주14. 새길　　명　　（　　　　　）

주15. 다　　　함　　（　　　　　）

※ 한자어의 독음을 쓰시오.

주16. 考慮　　（　　　　　　）

주17. 祭祀　　（　　　　　　）

주18. 罪囚　　（　　　　　　）

주19. 妥當　　（　　　　　　）

주20. 胸像　　（　　　　　　）

주21. 繁榮　　（　　　　　　）

주22. 報償　　（　　　　　　）

주23. 雅淡　　（　　　　　　）

주24. 資本　　（　　　　　　）

주25. 難航　　（　　　　　　）

주26. 座席　　（　　　　　　）

주27. 殘忍　　（　　　　　　）

주28. 政策　　（　　　　　　　　）

주29. 盜聽　　（　　　　　　　　）

주30. 發刊　　（　　　　　　　　）

주31. 救濟　　（　　　　　　　　）

주32. 紀念　　（　　　　　　　　）

※ 〈보기〉의 뜻을 참고하여 ○ 안에 공통으로 들어갈 한자를 쓰시오.

주33. (1) 未○　(2) ○眠　　　（　　　）

〈보기〉	(1) 일 따위에 익숙하지 못하여 서투름. (2) 곤하게 깊이 자는 잠, 단잠.

주34. (1) ○想　(2) ○合　　　（　　　）

〈보기〉	(1) 하나의 관념이 다른 관념을 불러일으키는 현상. (2) 두 가지 이상의 사물이 서로 합동하여 하나의 조직체를 만듦.

주35. (1) ○電　(2) 連○　　　（　　　）

〈보기〉	(1) 어떤 물체가 전기를 띰. (2) 여럿이 함께 무슨 일을 하거나 책임을 짐.

※ ○ 안에 공통으로 들어갈 한자를 〈보기〉에서 찾아 쓰시오.

〈보기〉	弔 慕 租 陳 泳 傑

주36. 新○　　○設　　○述　　（　　　）

주37. ○旗　　謹○　　慶○事　（　　　）

주38. 英○　　人○　　○出　　（　　　）

※ 문장에서 잘못 쓴 한자를 바르게 고쳐 쓰시오. (단, 음이 같은 한자로 고칠 것)

주39. 두 사람은 오랜 蓮愛 끝에 화촉을 밝혔다.
　　　　　　　　　（　　　→　　　）

주40. 그는 속세와의 因演을 끊고 수행에 정진했다.
　　　　　　　　　（　　　→　　　）

※ [　　] 안의 단어를 한자로 쓰시오.

주41. 노령 인구가 [급격]히 증가하고 있다.
　　　　　　　　　（　　　　　　）

주42. 스승의 날을 맞아 [**담임**]선생님께 감사편지를 썼다. (   )

주43. 그의 요리 솜씨가 [**보통**]이 아니다. (   )

주44. 사람들은 그의 인간적인 미덕과 도덕성을 크게 [**칭송**]하였다. (   )

주45. 우리 가족은 한적한 시골에서 [**휴가**]를 보냈다. (   )

※ [   ] 안의 한자어의 독음을 쓰시오.

주46. 친구의 [苦悶]을 들어주고 조언을 해주었다. (   )

주47. 그녀의 눈썹은 초승달에 [比喻]할 수 있다. (   )

주48. 다양한 [揷畫]가 글에 대한 이해를 도왔다. (   )

주49. 옛날 사진을 보며 [暫時]동안 생각에 잠겼다. (   )

주50. 그녀는 돈과 권력의 [奴隷]가 되기를 거부했다. (   )

주51. 회담이 [膠着] 상태에 빠져 진전이 없었다. (   )

주52. 화재가 발생하면 유독가스에 [窒息]되기도 한다. (   )

주53. 문학 작품 내 [卑俗語]의 사용은 현실감을 주기도 한다. (   )

주54. 유엔은 국제 평화와 안전을 위하여 많은 [貢獻]을 하였다. (   )

주55. [奢侈]를 버리고 근검절약하는 자세를 미덕으로 삼아야 한다. (   )

주56. 그들은 서로를 깊이 [信賴]하는 부부였다. (   )

주57. 제작진은 촬영지를 사전 [踏査]하고 현장 점검을 하였다. (   )

주58. 제품을 구매하기 전에 [交換] 조건이나 환불 과정 등을 확인하는 것이 좋다. (   )

주59. 지구의 [森林] 자원이 급속도로 훼손되고 있다. (   )

주60. 그 늙은 사공은 [瓜年]한 딸이 하나 있다. (   )

주61. 그는 어떠한 무력에도 [屈伏]하지 않았다. (   )

주62. 두 사람은 크게 한 번 다투고 나서 관계가 급속하게 [冷却]되었다. (   )

주63. 그는 [僻地]로 전출되었다. (   )

주64. 이곳은 지세가 험하여 [要塞]로 쓰였다. (   )

주65. 제가 잘못하는 일이 있으면 [忌憚]없이 충고해 주세요. (   )

※ 한자성어의 설명을 읽고 ○ 안에 들어갈 한자를 차례대로 쓰시오.

주66. ○ 志 一 ○ (,   )

[초지일관] 처음에 세운 뜻을 끝까지 밀고 나감.

주67. ○ 者 定 ○ (,   )

[회자정리] 만난 자는 반드시 헤어짐. 모든 것이 무상함을 나타내는 말.

주68. 時 ○ ○ 早 (,   )

[시기상조] 어떤 일을 실행하기에 아직 때가 이름.

주69. ○ 高 萬 ○ (,   )

[기고만장] 일이 뜻대로 잘될 때, 우쭐하여 뽐내는 기세가 대단함.

주70. 山 ○ ○ 味 (,   )

[산해진미] 산과 바다에서 나는 온갖 진귀한 물건으로 차린, 맛이 좋은 음식.

- 수고하셨습니다 -

한자실력급수 자격시험 **3**급 연습문제 〈15〉

객관식 (1~30번)

※ [　] 안의 한자와 음이 같은 한자는?

1. [輩]　① 燈　② 請　③ 猶　④ 拜
2. [訟]　① 送　② 賊　③ 探　④ 齊
3. [沿]　① 悔　② 姻　③ 然　④ 只
4. [妥]　① 泰　② 他　③ 弔　④ 掃
5. [抗]　① 底　② 妙　③ 壇　④ 項

※ [　] 안의 한자와 뜻이 비슷하거나 같은 한자는?

6. [裕]　① 餘　② 怒　③ 歡　④ 雜
7. [奔]　① 渴　② 宇　③ 走　④ 類

※ [　] 안의 한자와 뜻이 반대되거나 상대되는 한자는?

8. [順]　① 邊　② 逆　③ 缺　④ 絃
9. [愚]　① 退　② 智　③ 旣　④ 幾

※ 〈보기〉의 단어들과 가장 관련이 깊은 한자는?

10.

〈보기〉	출발	이동	유랑

① 刷　② 孔　③ 離　④ 妾

11.

〈보기〉	연설	설득	청산유수

① 辯　② 賤　③ 硬　④ 側

12.

〈보기〉	진주	자수정	다이아몬드

① 紛　② 堤　③ 蔬　④ 珍

※ [　] 안의 단어를 한자로 알맞게 쓴 것은?

13. 이번 전시는 학생들의 의견을 [**반영**]하여 진행하였다.
　　① 反映　② 半英　③ 反英　④ 半映
14. 그녀는 [**배영**] 200m 세계 신기록 보유자이다.
　　① 配泳　② 配營　③ 背營　④ 背泳
15. 약물을 오랫동안 반복 사용하면 [**내성**]이 생긴다.
　　① 耐姓　② 內姓　③ 耐性　④ 內性

※ 주어진 뜻에 알맞은 한자어는?

16. 어떤 조건에 적합한 대상을 책임지고 소개함.
　　① 祈禱　② 推薦　③ 宮殿　④ 隆盛
17. 속일 목적으로 진짜와 닮은 가짜를 만듦.
　　① 岐路　② 趣味　③ 僞造　④ 飜譯
18. 이튿날.
　　① 翌日　② 驅使　③ 緩和　④ 昇華
19. 내용이 보잘것없는 원고. 자기의 원고를 겸손하게 이르는 말
　　① 煩惱　② 摩擦　③ 犧牲　④ 拙稿
20. 행동을 함께하기 위하여 서로 붙들어 도와줌.
　　① 沐浴　② 提携　③ 需要　④ 狩獵
21. 풍부한 내용이나 깊은 뜻이 들어 있음.
　　① 含蓄　② 鍛鍊　③ 障碍　④ 病棟
22. 행성, 혜성, 인공위성 따위가 중력의 영향을 받아 다른 천체의 둘레를 돌면서 그리는 곡선의 길.
　　① 根據　② 飢餓　③ 脈絡　④ 軌道
23. 기름진 땅.
　　① 解剖　② 沃土　③ 寓話　④ 審議
24. 전체 속에서 어떤 물건, 생각, 요소 따위를 뽑아냄.
　　① 混濁　② 葛藤　③ 抽出　④ 宗廟
25. 현실에 없는 것을 있는 것 같이 느끼는 상념.
　　① 受侮　② 塗褙　③ 蔑視　④ 幻想

※ [　] 안에 들어갈 한자어로 알맞은 것은?

26. 그는 [　]하지 않고 사실 그대로를 말했다.
　　① 誇張　② 編輯　③ 颱風　④ 辭典
27. 사람들은 각자의 [　]가 다르다.
　　① 描寫　② 擴大　③ 嗜好　④ 郊外
28. 국어시간에 내가 좋아하는 시를 [　]하였다.
　　① 槪念　② 朗誦　③ 搖籃　④ 諫言
29. 그는 재기에 성공하여 [　]를 회복했다.
　　① 媒體　② 絞首　③ 名譽　④ 勅書
30. 며칠 뒤 밤하늘에서 [　] 현상을 볼 수 있다.
　　① 月蝕　② 肖像　③ 隨筆　④ 振動

※ 한자의 훈과 음을 쓰시오.

주1. 肺　　（　　　　　）
주2. 庶　　（　　　　　）
주3. 延　　（　　　　　）
주4. 照　　（　　　　　）
주5. 倉　　（　　　　　）
주6. 宴　　（　　　　　）
주7. 暇　　（　　　　　）
주8. 浦　　（　　　　　）
주9. 環　　（　　　　　）
주10. 模　　（　　　　　）

※ 훈과 음에 맞는 한자를 〈보기〉에서 찾아 쓰시오.

〈보기〉	奇　策　兼　督　署　演　濟　頌　聰　臨

주11. 겸할　　겸　　（　　　　　）
주12. 펼　　　연　　（　　　　　）
주13. 꾀　　　책　　（　　　　　）
주14. 기이할　기　　（　　　　　）
주15. 관청　　서　　（　　　　　）

※ 한자어의 독음을 쓰시오.

주16. 干涉　　（　　　　　）
주17. 親睦　　（　　　　　）
주18. 苟且　　（　　　　　）
주19. 鐵拳　　（　　　　　）
주20. 端雅　　（　　　　　）
주21. 腦死　　（　　　　　）
주22. 驛舍　　（　　　　　）
주23. 銳利　　（　　　　　）
주24. 龍床　　（　　　　　）
주25. 殘留　　（　　　　　）
주26. 質疑　　（　　　　　）
주27. 司令　　（　　　　　）
주28. 困辱　　（　　　　　）

주29. 計劃　　（　　　　　）
주30. 負債　　（　　　　　）
주31. 深刻　　（　　　　　）
주32. 改憲　　（　　　　　）

※ 〈보기〉의 뜻을 참고하여 ○ 안에 공통으로 들어갈 한자를 쓰시오.

주33. (1) 陳○　(2) 論○　　　（　　　　　）

〈보기〉	(1) 일이나 상황에 대하여 자세하게 이야기함. 또는 그런 이야기. (2) 어떤 것에 관하여 의견을 논리적으로 서술함. 또는 그런 서술.

주34. (1) ○源　(2) ○本　　　（　　　　　）

〈보기〉	(1) 인간의 생활 및 경제 생산에 이용되는 물적 자료 및 노동력, 기술 등을 통틀어 이르는 말. (2) 장사나 사업 따위의 기본이 되는 돈.

주35. (1) 遠○　(2) ○服　　　（　　　　　）

〈보기〉	(1) 먼 곳으로 싸우러 감. (2) 정벌하여 복종시킴.

※ ○ 안에 공통으로 들어갈 한자를 〈보기〉에서 찾아 쓰시오.

〈보기〉	架　某　菌　激　踐　譜

주36. 過○　　○情　　急○　（　　　　　）
주37. 樂○　　系○　　族○　（　　　　　）
주38. ○橋　　○空　　十字○　（　　　　　）

※ 문장에서 잘못 쓴 한자를 바르게 고쳐 쓰시오. (단, 음이 같은 한자로 고칠 것)

주39. 이 옷감은 租織이 치밀하고 촉감도 좋다.
　　　　　　　　　　　（　　　→　　　）

주40. 그녀는 투자에 앞서 寄業의 재무제표를 살펴보았다.　　　（　　　→　　　）

※ [　] 안의 단어를 한자로 쓰시오.

주41. 오늘은 사물함을 [정리]했다.
　　　　　　　　　　　（　　　　　）

주42. 가정교육의 소홀은 청소년들의 [일탈]과 직결된다.　　　（　　　　　）

주43. [액자]를 걸기 위해 벽에 못을 박았다.
(   )

주44. 도주하던 범인이 경찰에 [포위]되었다.
(   )

주45. 경찰은 피의자 신원을 [확인]했다.
(   )

※ [   ] 안의 한자어의 독음을 쓰시오.

주46. 실험실에 첨단 [裝備]를 도입하였다.
(   )

주47. [光澤]이 나도록 가구를 닦았다.
(   )

주48. 병역 [未畢]자는 이 시험에 응시할 수 없
다.   (   )

주49. 그는 [多汗症] 때문에 남들과 악수하기를
꺼렸다.   (   )

주50. 고구려, 백제, 신라는 [霸權]을 차지하기
위해 서로 다투었다.   (   )

주51. 긴 연휴에 차량이 증가하여 교통 [遞增]이
더욱 심해졌다.   (   )

주52. 묘청은 서경으로 [遷都]할 것을 주장했다.
(   )

주53. 숲이 [鬱蒼]하여 산짐승이 서식하기에 적
합하다.   (   )

주54. 기상청은 고기압의 영향으로 당분간 날씨가
맑고 [乾燥]할 것이라고 예보했다.
(   )

주55. 총기를 [奪取]한 탈영병이 부대 근처에서
사로잡혔다.   (   )

주56. 사회의 질서와 안녕을 위해서는 시민 개개
인의 투철한 [遵法] 정신이 필요하다.
(   )

주57. 일본, 중국, 아프가니스탄, 파키스탄은 우리
나라와 같은 [緯度]에 있다.
(   )

주58. [揭揚]된 깃발이 바람에 나부꼈다.
(   )

주59. 운전자는 어린이보호구역에서 반드시 감속
하여 [徐行]을 해야 한다. (   )

주60. 그는 매사에 꼼꼼하고 [愼重]한 편이다.
(   )

주61. 이들 노부부는 [琴瑟]이 좋기로 소문이 나
있다.   (   )

주62. 환경을 [保護]하기 위해서 다 함께 노력해
야 한다.   (   )

주63. 강원도에는 [山岳]지대가 많다.
(   )

주64. 그는 무거운 짐을 기숙사까지 [運搬]해 주
었다.   (   )

주65. 두 사람 사이에 어색한 [沈默]이 이어졌
다.   (   )

※ 한자성어의 설명을 읽고 ○ 안에 들어갈 한자를
차례대로 쓰시오.

주66. 千 ○ ○ 別   (,   )

[천차만별] 여러 가지 사물이 모두 차이가 있고 구
별이 있음.

주67. ○ 同 ○ 異   (,   )

[당동벌이] 일의 옳고 그름은 따지지 않고 뜻이 같
은 무리끼리는 서로 돕고 그렇지 않은 무리는 배척
함.

주68. ○ 秀 之 ○   (,   )

[맥수지탄] 보리만 무성한 것에 대한 한탄이라는
뜻으로, 고국의 멸망을 한탄함을 이르는 말.

주69. 一 ○ 百 ○   (,   )

[일벌백계] 한 사람을 벌주어 백 사람을 경계한다
는 뜻으로, 다른 사람들에게 경각심을 불러일으키기
위하여 본보기로 한 사람에게 엄한 처벌을 하는 일
을 이르는 말.

주70. 前 後 ○ ○   (,   )

[전후사연] 일의 처음부터 끝까지의 이런저런 복잡
한 사정.

– 수고하셨습니다 –

모범답안

⟨ 1 ⟩						⟨ 2 ⟩						⟨ 3 ⟩					
문항	정답	문항	정답	문항	정답	문항	정답	문항	정답	문항	정답	문항	정답	문항	정답	문항	정답
1	③	11	②	21	①	1	①	11	②	21	②	1	②	11	③	21	②
2	④	12	①	22	④	2	④	12	④	22	①	2	①	12	①	22	③
3	①	13	②	23	②	3	②	13	④	23	③	3	③	13	④	23	④
4	②	14	④	24	③	4	③	14	①	24	④	4	④	14	③	24	①
5	④	15	①	25	③	5	②	15	②	25	④	5	③	15	②	25	④
6	②	16	③	26	①	6	③	16	②	26	①	6	②	16	①	26	④
7	③	17	③	27	④	7	①	17	④	27	②	7	①	17	③	27	④
8	①	18	②	28	②	8	①	18	④	28	④	8	④	18	④	28	④
9	②	19	①	29	②	9	③	19	②	29	④	9	④	19	①	29	①
10	④	20	④	30	①	10	①	20	③	30	④	10	②	20	②	30	③

문항	정답	문항	정답	문항	정답	문항	정답	문항	정답	문항	정답
주1	떨어질 거	주36	測	주1	기울 경	주36	系	주1	무리 배	주36	奇
주2	사슴 록	주37	裕	주2	견딜 내	주37	占	주2	공손 공	주37	周
주3	맹세 맹	주38	症	주3	띠 대	주38	妥	주3	무리 당	주38	銳
주4	방해할 방	주39	付 → 負	주4	구리 동	주39	故 → 稿	주4	바퀴 륜	주39	命 → 銘
주5	재물 자	주40	貸 → 帶	주5	법 범	주40	慈 → 姿	주5	가루 분	주40	招 → 超
주6	가지런할 제	주41	念慮	주6	살찔 비	주41	硬直	주6	모양 양	주41	投資
주7	못 지	주42	優雅	주7	도울 원	주42	盜用	주7	베풀 장	주42	委任
주8	모양 태	주43	提示	주8	기록할 지	주43	弱冠	주8	굳을 경	주43	亭子
주9	항구 항	주44	逸話	주9	차례 질	주44	底力	주9	쌓을 축	주44	罪囚
주10	형통할 형	주45	回避	주10	누릴 향	주45	中旬	주10	법 헌	주45	凶測
주11	構	주46	훼손	주11	盟	주46	고분	주11	攻	주46	가축
주12	聯	주47	낭송	주12	輩	주47	금수	주12	斤	주47	갈등
주13	離	주48	기로	주13	涉	주48	기소	주13	吏	주48	격차
주14	銅	주49	동량	주14	債	주49	누전	주14	付	주49	노용
주15	座	주50	맹수	주15	超	주50	도배	주15	亞	주50	뇌전
주16	강단	주51	모방	주16	격정	주51	모의	주16	개입	주51	대작
주17	건축	주52	배척	주17	관통	주52	모험	주17	고액	주52	도공
주18	규범	주53	부임	주18	구축	주53	여정	주18	기초	주53	동사
주19	기원	주54	서약	주19	기호	주54	부속	주19	전반	주54	매장
주20	돌파	주55	수뢰	주20	맹장	주55	사족	주20	형통	주55	겸손
주21	침공	주56	연령	주21	배영	주56	상징	주21	반납	주56	광인
주22	세탁	주57	개념	주22	보상	주57	선박	주22	번창	주57	배우
주23	소독	주58	칭찬	주23	색인	주58	수렵	주23	분수령	주58	백부
주24	송사	주59	회자	주24	순찰	주59	수사	주24	쇄신	주59	소위
주25	운항	주60	훈장	주25	정간	주60	연소	주25	세균	주60	순간
주26	인내	주61	조각	주26	제반	주61	궁전	주26	잔향	주61	안녕
주27	잔액	주62	위조	주27	조정	주62	응고	주27	확고	주62	이면
주28	준걸	주63	해몽	주28	추모	주63	청렴	주28	지주	주63	임금
주29	지휘	주64	목욕	주29	측근	주64	교묘	주29	탄환	주64	포도당
주30	탄식	주65	병렬	주30	폭탄	주65	허락	주30	포위	주65	핵
주31	문진	주66	立, 援	주31	피서	주66	取, 義	주31	홍보	주66	窮, 策
주32	대조	주67	張, 勢	주32	함지	주67	厚, 恥	주32	환경	주67	恥, 問
주33	缺	주68	從, 腹	주33	倒	주68	亂, 麻	주33	衛	주68	姿, 玉
주34	貫	주69	惡, 鬪	주34	覺	주69	奔, 西	주34	陳	주69	臨, 機
주35	贊	주70	深, 熟	주35	銘	주70	孟, 機	주35	補	주70	倒, 施

⟨모범답안⟩

모범답안

〈 4 〉						〈 5 〉						〈 6 〉					
문항	정답	문항	정답	문항	정답	문항	정답	문항	정답	문항	정답	문항	정답	문항	정답	문항	정답
1	②	11	①	21	①	1	③	11	①	21	④	1	①	11	①	21	①
2	④	12	②	22	②	2	②	12	④	22	③	2	④	12	④	22	②
3	①	13	①	23	③	3	①	13	④	23	①	3	②	13	②	23	②
4	③	14	④	24	④	4	④	14	④	24	②	4	③	14	④	24	③
5	③	15	④	25	①	5	③	15	①	25	①	5	①	15	①	25	①
6	①	16	②	26	④	6	②	16	②	26	①	6	②	16	③	26	②
7	④	17	①	27	②	7	④	17	③	27	③	7	④	17	①	27	④
8	②	18	③	28	③	8	①	18	④	28	②	8	①	18	④	28	④
9	④	19	④	29	③	9	④	19	③	29	②	9	②	19	③	29	①
10	③	20	②	30	①	10	②	20	②	30	②	10	③	20	②	30	④

문항	정답	문항	정답	문항	정답	문항	정답	문항	정답	문항	정답
주1	속일 사	주36	銘	주1	맑을 담	주36	熟	주1	깨달을 각	주36	險
주2	잇닿을 련	주37	役	주2	무역할 무	주37	演	주2	기계 계	주37	壁
주3	꽃다울 방	주38	味	주3	상서로울 상	주38	兼	주3	진실로 구	주38	抗
주4	갚을 상	주39	鮮 → 宣	주4	용서할 서	주39	遇 → 優	주4	빌 기	주39	擔 → 淡
주5	인연 연	주40	浦 → 胞	주5	보낼 수	주40	擧 → 拒	주5	재빠를 민	주40	知 → 誌
주6	거동 의	주41	逃走	주6	욕될 욕	주41	宴會	주6	족보 보	주41	關聯
주7	밑 저	주42	應募	주7	맵시 자	주42	延期	주7	휘장 장	주42	資料
주8	그루 주	주43	鎭靜	주8	베틀 기	주43	忍耐	주8	자리 좌	주43	確信
주9	탑 탑	주44	開港	주9	벼리 기	주44	追慕	주9	바칠 공	주44	契約
주10	싸울 투	주45	丸藥	주10	부칠 기	주45	政府	주10	클 홍	주45	聰明
주11	栗	주46	환상	주11	壁	주46	친척	주11	髮	주46	회고
주12	毒	주47	연민	주12	殘	주47	계몽	주12	娘	주47	멸시
주13	耐	주48	번역	주13	梅	주48	고취	주13	模	주48	비방
주14	薄	주49	수면	주14	卜	주49	공란	주14	邦	주49	소개
주15	差	주50	애도	주15	緣	주50	교외	주15	悠	주50	소외
주16	각오	주51	오만	주16	공급	주51	권태	주16	관조	주51	승화
주17	강림	주52	제휴	주17	대여	주52	궤도	주17	근조	주52	심의
주18	피안	주53	지체	주18	덕택	주53	근간	주18	기고	주53	영결
주19	고장	주54	착잡	주19	두뇌	주54	기아	주19	기획	주54	우화
주20	광택	주55	참상	주20	부담	주55	도약	주20	내구	주55	체결
주21	구조	주56	초빙	주21	비교	주56	규방	주21	염려	주56	추세
주22	기여	주57	취사	주22	주식	주57	완화	주22	웅변	주57	편집
주23	휘장	주58	포로	주23	타협	주58	자문	주23	이력	주58	포기
주24	가공	주59	하자	주24	개축	주59	희생	주24	정벌	주59	홀연
주25	비평	주60	민담	주25	관계	주60	희롱	주25	조령	주60	천부
주26	성숙	주61	익명성	주26	걸작	주61	진동	주26	판권	주61	수필
주27	매실	주62	기도	주27	관성	주62	사양	주27	기폭	주62	홍수
주28	제방	주63	졸고	주28	구상	주63	긍정	주28	백내장	주63	지옥
주29	진술	주64	상위권	주29	구파	주64	평형	주29	윤독	주64	광물
주30	채소	주65	총서	주30	균사	주65	금수	주30	교향악	주65	태풍
주31	사려	주66	克,禮	주31	지각	주66	慮,失	주31	사칭	주66	異,域
주32	분유	주67	博,記	주32	구조조정	주67	愚,移	주32	시각	주67	修,齊
주33	激	주68	退,維	주33	姑	주68	臨,無	주33	索	주68	鹿,馬
주34	擔	주69	姑,息	주34	避	주69	萬,亨	주34	捕	주69	緣,求
주35	側	주70	攻,落	주35	丸	주70	氷,炭	주35	派	주70	赤,拳

모범답안

〈7〉 문항	정답	문항	정답	문항	정답	〈8〉 문항	정답	문항	정답	문항	정답	〈9〉 문항	정답	문항	정답	문항	정답
1	②	11	①	21	②	1	②	11	③	21	④	1	④	11	①	21	③
2	④	12	②	22	①	2	③	12	③	22	①	2	②	12	④	22	①
3	②	13	①	23	④	3	①	13	②	23	②	3	①	13	②	23	④
4	①	14	③	24	③	4	④	14	①	24	③	4	③	14	④	24	②
5	④	15	②	25	①	5	①	15	③	25	③	5	②	15	①	25	①
6	③	16	④	26	③	6	②	16	④	26	②	6	③	16	③	26	①
7	①	17	②	27	①	7	④	17	②	27	①	7	①	17	①	27	①
8	②	18	④	28	④	8	②	18	①	28	④	8	④	18	③	28	③
9	③	19	③	29	④	9	①	19	①	29	①	9	①	19	④	29	③
10	④	20	①	30	③	10	④	20	④	30	②	10	②	20	②	30	①

〈7〉 문항	정답	문항	정답	〈8〉 문항	정답	문항	정답	〈9〉 문항	정답	문항	정답
주1	책펴낼 간	주36	帶	주1	시렁 가	주36	訂	주1	겸할 겸	주36	紛
주2	뇌 뇌	주37	範	주2	소경 맹	주37	宣	주2	맺을 계	주37	邊
주3	맏 맹	주38	缺	주3	버섯 균	주38	態	주3	갓 관	주38	慾
주4	열흘 순	주39	致 → 置	주4	멀 유	주39	研 → 緣	주4	넓을 박	주39	延 → 演
주5	아전 리	주40	案 → 岸	주5	밝을 철	주40	料 → 了	주5	달릴 분	주40	期 → 寄
주6	남을 잔	주41	評價	주6	값 치	주41	和睦	주6	인쇄할 쇄	주41	終了
주7	두루 주	주42	中繼	주7	준걸 준	주42	後悔	주7	바로잡을 정	주42	秩序
주8	다 함	주43	石塔	주8	밟을 천	주43	格鬪技	주8	끌 제	주43	卒倒
주9	목 항	주44	英敏	주9	속일 기	주44	經濟	주9	토할 토	주44	擔保
주10	줄 현	주45	專攻	주10	에울 위	주45	容疑者	주10	팔 판	주45	肺活量
주11	劍	주46	오류	주11	柱	주46	함축	주11	熟	주46	구사
주12	慮	주47	근린	주12	整	주47	긴장	주12	某	주47	분석
주13	畓	주48	명예	주13	妄	주48	면역	주13	介	주48	기탄
주14	姪	주49	발췌	주14	亭	주49	무용	주14	距	주49	누명
주15	宜	주50	복지	주15	評	주50	범람	주15	普	주50	돈독
주16	격렬	주51	서찰	주16	액면	주51	취미	주16	검술	주51	부고
주17	공람	주52	소원	주17	오차	주52	특수	주17	점액	주52	사막
주18	권투	주53	여론	주18	칭송	주53	주축	주18	목련	주53	사찰
주19	난무	주54	위로	주19	기묘	주54	박물관	주19	사항	주54	요절
주20	돌진	주55	증오	주20	연대	주55	표준어	주20	기술	주55	함수
주21	마직	주56	파종	주21	농번기	주56	예금	주21	민속	주56	점포
주22	보장	주57	해부	주22	연상	주57	미모	주22	서민	주57	백미
주23	신축	주58	희곡	주23	가담	주58	영하	주23	화적	주58	종묘
주24	암벽	주59	순장	주24	악보	주59	마찰	주24	조리	주59	수모
주25	여권	주60	간언	주25	간척지	주60	혼탁	주25	배치	주60	귀신
주26	인쇄	주61	추천	주26	단발령	주61	장인	주26	만반	주61	창공
주27	저변	주62	지혜	주27	선배	주62	명사	주27	향락	주62	위협
주28	혈맹	주63	호란	주28	제적	주63	멸망	주28	소강상태	주63	추문
주29	전담	주64	습도	주29	맹랑	주64	납치	주29	현상	주64	질병
주30	포장	주65	혼백	주30	폭발	주65	사전	주30	직계	주65	취기
주31	기구	주66	天, 肥	주31	내수	주66	傾, 之	주31	근간	주66	前, 薄
주32	아량	주67	芳, 百	주32	결부	주67	腹, 倒	주32	측우기	주67	張, 四
주33	妥	주68	博, 識	주33	刻	주68	確, 動	주33	繁	주68	壤, 差
주34	悔	주69	樹, 歎	주34	聯	주69	變, 龍	주34	耐	주69	束, 策
주35	占	주70	刻, 忘	주35	督	주70	陣, 揮	주35	照	주70	輕, 肥

〈모범답안〉

모범답안

⟨ 10 ⟩

문항	정답	문항	정답	문항	정답
1	②	11	④	21	④
2	④	12	②	22	①
3	①	13	③	23	②
4	③	14	②	24	③
5	①	15	④	25	②
6	②	16	①	26	①
7	④	17	④	27	④
8	③	18	③	28	②
9	③	19	②	29	④
10	①	20	①	30	①

문항	정답	문항	정답
주1	넘어질 도	주36	置
주2	떨칠 불	주37	資
주3	베풀 선	주38	複
주4	가둘 수	주39	驗 → 險
주5	이마 액	주40	格 → 激
주6	부끄러울 치	주41	淸白吏
주7	적실 침	주42	惠澤
주8	조카 질	주43	博士
주9	소리 향	주44	抗拒
주10	맡길 위	주45	項目
주11	府	주46	획득
주12	租	주47	고사
주13	絃	주48	나태
주14	麻	주49	도감
주15	豚	주50	분발
주16	교정	주51	사면
주17	기계	주52	살포
주18	기상	주53	선회
주19	도용	주54	순수
주20	방해	주55	자괴
주21	조류	주56	첨단
주22	한가	주57	첩경
주23	후회	주58	비율
주24	우려	주59	형설
주25	제창	주60	미분
주26	진정	주61	긍지
주27	부상	주62	삼강
주28	제주	주63	한발
주29	정당	주64	탐닉
주30	조객	주65	급등
주31	사정	주66	奇 , 外
주32	조건	주67	咸 , 差
주33	離	주68	容 , 態
주34	享	주69	晩 , 歡
주35	組	주70	石 , 盟

⟨ 11 ⟩

문항	정답	문항	정답	문항	정답
1	④	11	③	21	③
2	④	12	②	22	④
3	③	13	①	23	②
4	①	14	②	24	①
5	③	15	④	25	④
6	②	16	④	26	③
7	④	17	①	27	②
8	①	18	②	28	①
9	①	19	①	29	④
10	④	20	④	30	③

문항	정답	문항	정답
주1	돼지 돈	주36	突
주2	점 복	주37	涯
주3	맡을 사	주38	慣
주4	막을 장	주39	孟 → 盲
주5	보배 진	주40	柱 → 株
주6	주춧돌 초	주41	保管
주7	저물 혼	주42	肥滿
주8	새길 각	주43	差別
주9	마칠 료	주44	出刊
주10	기릴 송	주45	吐露
주11	映	주46	관용
주12	浸	주47	동굴
주13	券	주48	서술
주14	帳	주49	수요
주15	池	주50	미모
주16	간척	주51	번뇌
주17	강론	주52	부록
주18	겸사	주53	섭취
주19	진정	주54	학대
주20	당략	주55	재판
주21	반향	주56	지방
주22	항전	주57	진료
주23	영서	주58	서한
주24	우량	주59	묘목
주25	우정	주60	사이비
주26	은택	주61	탐욕
주27	경기	주62	빈도
주28	기숙사	주63	용해
주29	항우	주64	분만
주30	처첩	주65	윤곽
주31	서무	주66	始 , 貫
주32	역전	주67	履 , 薄
주33	被	주68	弘 , 間
주34	奇	주69	友 , 恭
주35	訂	주70	烏 , 梨

⟨ 12 ⟩

문항	정답	문항	정답	문항	정답
1	③	11	②	21	①
2	①	12	③	22	③
3	④	13	①	23	②
4	②	14	④	24	④
5	②	15	③	25	④
6	①	16	②	26	②
7	③	17	③	27	②
8	④	18	②	28	①
9	④	19	①	29	③
10	①	20	④	30	④

문항	정답	문항	정답
주1	경기 기	주36	派
주2	달아날 도	주37	澤
주3	밟을 리	주38	雜
주4	배 복	주39	置 → 値
주5	지킬 위	주40	齊 → 提
주6	바를 아	주41	貿易
주7	비칠 영	주42	壁紙
주8	도둑 도	주43	補充
주9	곁 측	주44	餘暇
주10	얽을 구	주45	分離
주11	侵	주46	신탁
주12	峯	주47	옥토
주13	拂	주48	추출
주14	濟	주49	탄생
주15	鎭	주50	파악
주16	획순	주51	폐광
주17	교향곡	주52	환곡
주18	박람회	주53	악취
주19	율곡	주54	유혹
주20	전담	주55	퇴적
주21	증권	주56	조제
주22	채무	주57	만
주23	초탈	주58	기압
주24	조기	주59	농도
주25	환도	주60	혹한
주26	황혼	주61	영혼
주27	순보	주62	기만
주28	홍익	주63	초록
주29	진영	주64	장원
주30	건축물	주65	잠수
주31	건망증	주66	優 , 斷
주32	강연	주67	世 , 態
주33	銳	주68	盲 , 評
주34	擇	주69	亂 , 賊
주35	航	주70	肉 , 策

모범답안

〈 13 〉 〈 14 〉 〈 15 〉

문항	정답	문항	정답	문항	정답	문항	정답	문항	정답	문항	정답	문항	정답	문항	정답	문항	정답
1	④	11	①	21	②	1	③	11	③	21	②	1	④	11	①	21	①
2	③	12	④	22	④	2	①	12	④	22	③	2	①	12	④	22	④
3	①	13	①	23	③	3	②	13	②	23	①	3	③	13	①	23	②
4	②	14	②	24	①	4	①	14	④	24	④	4	②	14	④	24	③
5	②	15	④	25	②	5	②	15	③	25	②	5	④	15	③	25	①
6	④	16	③	26	③	6	③	16	①	26	②	6	①	16	②	26	①
7	①	17	③	27	①	7	①	17	③	27	①	7	③	17	③	27	①
8	①	18	①	28	④	8	①	18	①	28	①	8	①	18	①	28	④
9	②	19	①	29	①	9	①	19	①	29	①	9	②	19	④	29	③
10	③	20	④	30	①	10	②	20	④	30	②	10	③	20	②	30	①

문항	정답	문항	정답	문항	정답	문항	정답	문항	정답	문항	정답
주1	어른 장	주36	項	주1	주먹 권	주36	陳	주1	허파 폐	주36	激
주2	끼일 개	주37	供	주2	주릴 아	주37	弔	주2	여러 서	주37	譜
주3	구멍 공	주38	組	주3	잡을 포	주38	傑	주3	끌 연	주38	架
주4	도끼 근	주39	然 → 延	주4	짤 직	주39	蓮 → 戀	주4	비칠 조	주39	租 → 組
주5	매화 매	주40	張 → 裝	주5	섞일 잡	주40	演 → 緣	주5	곳집 창	주40	寄 → 企
주6	화목할 목	주41	習慣	주6	마땅 의	주41	急激	주6	잔치 연	주41	整理
주7	터럭 발	주42	餘裕	주7	도울 찬	주42	擔任	주7	겨를 가	주42	逸脫
주8	어지러울 란	주43	俊秀	주8	배 리	주43	普通	주8	물가 포	주43	額子
주9	이 사	주44	草稿	주9	견줄 교	주44	稱頌	주9	고리 환	주44	包圍
주10	고개 령	주45	環境	주10	버금 아	주45	休暇	주10	법 모	주45	確認
주11	被	주46	화촉	주11	岸	주46	고민	주11	兼	주46	장비
주12	庶	주47	검열	주12	捨	주47	비유	주12	演	주47	광택
주13	述	주48	결함	주13	測	주48	삽화	주13	策	주48	미필
주14	堤	주49	둔각	주14	銘	주49	잠시	주14	奇	주49	다한증
주15	衛	주50	발굴	주15	咸	주50	노예	주15	署	주50	패권
주16	관례	주51	충돌	주16	고려	주51	교착	주16	간섭	주51	체증
주17	관리	주52	반려	주17	제사	주52	질식	주17	친목	주52	천도
주18	진열	주53	익일	주18	죄수	주53	비속어	주18	구차	주53	울창
주19	청해진	주54	유대	주19	타당	주54	공헌	주19	철권	주54	건조
주20	구상	주55	재앙	주20	흥상	주55	사치	주20	단아	주55	탈취
주21	후보	주56	초월	주21	번영	주56	신뢰	주21	뇌사	주56	준법
주22	주주	주57	격려	주22	보상	주57	답사	주22	역사	주57	위도
주23	영욕	주58	유치	주23	아담	주58	교환	주23	예리	주58	게양
주24	공연	주59	몰입	주24	자본	주59	삼림	주24	용상	주59	서행
주25	조공	주60	기호	주25	난항	주60	과년	주25	잔류	주60	신중
주26	철학	주61	요통	주26	좌석	주61	굴복	주26	질의	주61	금슬
주27	총독	주62	융성	주27	잔인	주62	냉각	주27	사령	주62	보호
주28	태도	주63	초상	주28	정책	주63	벽지	주28	곤욕	주63	산악
주29	포부	주64	변별	주29	도청	주64	요새	주29	계획	주64	운반
주30	질부	주65	모순	주30	발간	주65	기탄	주30	부채	주65	침묵
주31	조정	주66	池 , 林	주31	구제	주66	初 , 貫	주31	심각	주66	差 , 萬
주32	비책	주67	機 , 轉	주32	기념	주67	會 , 離	주32	개헌	주67	黨 , 伐
주33	周	주68	兼 , 全	주33	熟	주68	機 , 尙	주33	述	주68	麥 , 歎
주34	拒	주69	科 , 條	주34	聯	주69	氣 , 丈	주34	資	주69	罰 , 戒
주35	慮	주70	虛 , 孟	주35	帶	주70	海 , 珍	주35	征	주70	事 , 緣

〈모범답안〉

국가공인 한자자격시험 답안지

주관 : (사)한자교육진흥회
시행 : 한국한자실력평가원

1 1

사범, 1 ~ 3급 응시자용

회차	제 회	응시등급	문제유형
감독관 확 인	(서명)	사범 ○ 1급 ○ 2급 ○ 3급 ○	A형 ○ B형 ○

성 명

수 험 번 호

생 년 월 일

채점위원확인란
(응시자표기금지)

(초 검)

(재 검)

객 관 식 답 안 란

1	① ② ③ ④	16	① ② ③ ④	3	① ② ③ ④
2	① ② ③ ④	17	① ② ③ ④	32	① ② ③ ④
3	① ② ③ ④	18	① ② ③ ④	33	① ② ③ ④
4	① ② ③ ④	19	① ② ③ ④	34	① ② ③ ④
5	① ② ③ ④	20	① ② ③ ④	35	① ② ③ ④
6	① ② ③ ④	21	① ② ③ ④	36	① ② ③ ④
7	① ② ③ ④	22	① ② ③ ④	37	① ② ③ ④
8	① ② ③ ④	23	① ② ③ ④	38	① ② ③ ④
9	① ② ③ ④	24	① ② ③ ④	39	① ② ③ ④
10	① ② ③ ④	25	① ② ③ ④	40	① ② ③ ④
11	① ② ③ ④	26	① ② ③ ④	41	① ② ③ ④
12	① ② ③ ④	27	① ② ③ ④	42	① ② ③ ④
13	① ② ③ ④	28	① ② ③ ④	43	① ② ③ ④
14	① ② ③ ④	29	① ② ③ ④	44	① ② ③ ④
15	① ② ③ ④	30	① ② ③ ④	45	① ② ③ ④
		46	① ② ③ ④		
		47	① ② ③ ④		
		48	① ② ③ ④		
		49	① ② ③ ④		
		50	① ② ③ ④		

※ 답안지 작성요령

1. 객관식 답은 해당번호에 검정색 펜으로 표기
   ▶ 바른표기 예 : ●
   ▶ 틀린표기 예 : ◑ ⊙ ✓ ⊗
2. 객관식 답을 수정할 때는 수정테이프를 사용
3. 객관식 답을 수정할 때는 두줄로 긋고 작성
4. 본 답안지를 구기거나 훼손하지 마시오.

문항	주관식 답안란	초검	재검	문항		초검	재검
주 1		○	○	주 16		○	○
주 2		○	○	주 17		○	○
주 3		○	○	주 18		○	○
주 4		○	○	주 19		○	○
주 5		○	○	주 20		○	○
주 6		○	○	주 21		○	○
주 7		○	○	주 22		○	○
주 8		○	○	주 23		○	○
주 9		○	○	주 23		○	○
주 10		○	○	주 25		○	○
주 11		○	○	주 26		○	○
주 12		○	○	주 27		○	○
주 13		○	○	주 28		○	○
주 14		○	○	주 29		○	○
주 15		○	○	주 30		○	○

※ 응시자는 채점란의 ○표에 표기하지 마시오.

1 2

문항	주관식 답안란	초검	재검	문항	주관식 답안란	초검	재검	문항	주관식 답안란	초검	재검	문항	사범, 1급 답안란 (2, 3급은 작성불가)	초검	재검	문항	사범, 1급 답안란 (2, 3급은 작성불가)	초검	재검
주31		○	○	주46		○	○	주61		○	○	주75		○	○	주90		○	○
주32		○	○	주47		○	○	주62		○	○	주76		○	○	주91		○	○
주33		○	○	주48		○	○	주63		○	○	주77		○	○	주92		○	○
주34		○	○	주49		○	○	주64		○	○	주78		○	○	주93		○	○
주35		○	○	주50		○	○	주65		○	○	주79		○	○	주94		○	○
주36		○	○	주51		○	○	주66		○	○	주80		○	○	주95		○	○
주37		○	○	주52		○	○	주67		○	○	주81		○	○	주96		○	○
주38		○	○	주53		○	○	주68		○	○	주82		○	○	주97		○	○
주39		○	○	주53		○	○	주68		○	○	주83		○	○	주98		○	○
주40		○	○	주55		○	○	주70		○	○	주84		○	○	주99		○	○
주41		○	○	주56		○	○		사범, 1급 답안란 (2, 3급은 작성불가)			주85		○	○				
주42		○	○	주57		○	○	주71		○	○	주86		○	○	주100		○	○
주43		○	○	주58		○	○	주72		○	○	주87		○	○				
주44		○	○	주59		○	○	주73		○	○	주88		○	○	사범II점수	①②③④⑤⑥⑦⑧⑨		
주55		○	○	주60		○	○	주74		○	○	주89		○	○	(응시자 표기금지)	⓪①②③④⑤⑥⑦⑧⑨ ⓪①②③④⑤⑥⑦⑧⑨		

국가공인 한자자격시험 답안지

주관 : (사)한자교육진흥회
시행 : 한국한자실력평가원

1 1

사범, 1 ~ 3급 응시자용

회 차	제 회	응시등급	문제유형
감독관 확 인 (서명)		사범 ○ / 1급 ○ / 2급 ○ / 3급 ○	A형 ○ / B형 ○

성 명

수 험 번 호

생 년 월 일

채점위원확인란
(응시자표기금지)

(초 검)

(재 검)

객 관 식 답 안 란

1	① ② ③ ④	16	① ② ③ ④	3	① ② ③ ④
2	① ② ③ ④	17	① ② ③ ④	32	① ② ③ ④
3	① ② ③ ④	18	① ② ③ ④	33	① ② ③ ④
4	① ② ③ ④	19	① ② ③ ④	34	① ② ③ ④
5	① ② ③ ④	20	① ② ③ ④	35	① ② ③ ④
6	① ② ③ ④	21	① ② ③ ④	36	① ② ③ ④
7	① ② ③ ④	22	① ② ③ ④	37	① ② ③ ④
8	① ② ③ ④	23	① ② ③ ④	38	① ② ③ ④
9	① ② ③ ④	24	① ② ③ ④	39	① ② ③ ④
10	① ② ③ ④	25	① ② ③ ④	40	① ② ③ ④
11	① ② ③ ④	26	① ② ③ ④	41	① ② ③ ④
12	① ② ③ ④	27	① ② ③ ④	42	① ② ③ ④
13	① ② ③ ④	28	① ② ③ ④	43	① ② ③ ④
14	① ② ③ ④	29	① ② ③ ④	44	① ② ③ ④
15	① ② ③ ④	30	① ② ③ ④	45	① ② ③ ④
46	① ② ③ ④				
47	① ② ③ ④				
48	① ② ③ ④				
49	① ② ③ ④				
50	① ② ③ ④				

※ 답안지 작성요령

1. 객관식 답은 해당번호에 검정색 펜으로 표기
   ▶ 바른표기 예 : ●
   ▶ 틀린표기 예 : ◗ ⊙ ✓ ⊗
2. 객관식 답을 수정할 때는 수정테이프를 사용
3. 객관식 답을 수정할 때는 두줄로 긋고 작성
4. 본 답안지를 구기거나 훼손하지 마시오.

문항	주관식 답안란	초검	재검	문항		초검	재검
주1		○	○	주16		○	○
주2		○	○	주17		○	○
주3		○	○	주18		○	○
주4		○	○	주19		○	○
주5		○	○	주20		○	○
주6		○	○	주21		○	○
주7		○	○	주22		○	○
주8		○	○	주23		○	○
주9		○	○	주23		○	○
주10		○	○	주25		○	○
주11		○	○	주26		○	○
주12		○	○	주27		○	○
주13		○	○	주28		○	○
주14		○	○	주29		○	○
주15		○	○	주30		○	○

※ 응시자는 채점란의 ○표에 표기하지 마시오.

문항	주관식 답안란	초검	재검	문항	주관식 답안란	초검	재검	문항	주관식 답안란	초검	재검	문항	사범, 1급 답안란 (2, 3급은 작성불가)	초검	재검	문항	사범, 1급 답안란 (2, 3급은 작성불가)	초검	재검
주31		○	○	주46		○	○	주61		○	○	주75		○	○	주90		○	○
주32		○	○	주47		○	○	주62		○	○	주76		○	○	주91		○	○
주33		○	○	주48		○	○	주63		○	○	주77		○	○	주92		○	○
주34		○	○	주49		○	○	주64		○	○	주78		○	○	주93		○	○
주35		○	○	주50		○	○	주65		○	○	주79		○	○	주94		○	○
주36		○	○	주51		○	○	주66		○	○	주80		○	○	주95		○	○
주37		○	○	주52		○	○	주67		○	○	주81		○	○	주96		○	○
주38		○	○	주53		○	○	주68		○	○	주82		○	○	주97		○	○
주39		○	○	주53		○	○	주68		○	○	주83		○	○	주98		○	○
주40		○	○	주55		○	○	주70		○	○	주84		○	○	주99		○	○
주41		○	○	주56		○	○		사범, 1급 답안란 (2, 3급은 작성불가)			주85		○	○				
주42		○	○	주57		○	○	주71		○	○	주86		○	○	주100		○	○
주43		○	○	주58		○	○	주72		○	○	주87		○	○				
주44		○	○	주59		○	○	주73		○	○	주88		○	○	사범II점수 (응시자 표기금지)	① ② ③ ④ ⑤ ⑥ ⑦ ⑧ ⑨		
주55		○	○	주60		○	○	주74		○	○	주89		○	○		⓪ ① ② ③ ④ ⑤ ⑥ ⑦ ⑧ ⑨ ⓪ ① ② ③ ④ ⑤ ⑥ ⑦ ⑧ ⑨		

국가공인 한자자격시험 답안지

주관 : (사)한자교육진흥회
시행 : 한국한자실력평가원

1 1

사범, 1 ~ 3급 응시자용

회 차	제 회	응시등급		문제유형	
감독관 확 인	(서명)	사범	○	A형	○
		1급	○		
		2급	○	B형	○
		3급	○		

성 명	

수 험 번 호

생 년 월 일

채점위원확인란
(응시자표기금지)

(초 검)

(재 검)

객 관 식 답 안 란

1	①②③④	16	①②③④	3	①②③④
2	①②③④	17	①②③④	32	①②③④
3	①②③④	18	①②③④	33	①②③④
4	①②③④	19	①②③④	34	①②③④
5	①②③④	20	①②③④	35	①②③④
6	①②③④	21	①②③④	36	①②③④
7	①②③④	22	①②③④	37	①②③④
8	①②③④	23	①②③④	38	①②③④
9	①②③④	24	①②③④	39	①②③④
10	①②③④	25	①②③④	40	①②③④
11	①②③④	26	①②③④	41	①②③④
12	①②③④	27	①②③④	42	①②③④
13	①②③④	28	①②③④	43	①②③④
14	①②③④	29	①②③④	44	①②③④
15	①②③④	30	①②③④	45	①②③④
				46	①②③④
				47	①②③④
				48	①②③④
				49	①②③④
				50	①②③④

※ 답안지 작성요령

1. 객관식 답은 해당번호에 검정색 펜으로 표기
   ▶ 바른표기 예 : ●
   ▶ 틀린표기 예 : ◑ ⊙ ✓ ⊗
2. 객관식 답을 수정할 때는 수정테이프를 사용
3. 객관식 답을 수정할 때는 두줄로 긋고 작성
4. 본 답안지를 구기거나 훼손하지 마시오.

주 관 식 답 안 란

문항	주관식 답안란	초검	재검	문항		초검	재검
주 1		○	○	주 16		○	○
주 2		○	○	주 17		○	○
주 3		○	○	주 18		○	○
주 4		○	○	주 19		○	○
주 5		○	○	주 20		○	○
주 6		○	○	주 21		○	○
주 7		○	○	주 22		○	○
주 8		○	○	주 23		○	○
주 9		○	○	주 23		○	○
주 10		○	○	주 25		○	○
주 11		○	○	주 26		○	○
주 12		○	○	주 27		○	○
주 13		○	○	주 28		○	○
주 14		○	○	주 29		○	○
주 15		○	○	주 30		○	○

※ 응시자는 채점란의 ○표에 표기하지 마시오.

문항	주관식 답안란	초검	재검	문항	주관식 답안란	초검	재검	문항	주관식 답안란	초검	재검	문항	사범, 1급 답안란 (2, 3급은 작성불가)	초검	재검	문항	사범, 1급 답안란 (2, 3급은 작성불가)	초검	재검
주31		○	○	주46		○	○	주61		○	○	주75		○	○	주90		○	○
주32		○	○	주47		○	○	주62		○	○	주76		○	○	주91		○	○
주33		○	○	주48		○	○	주63		○	○	주77		○	○	주92		○	○
주34		○	○	주49		○	○	주64		○	○	주78		○	○	주93		○	○
주35		○	○	주50		○	○	주65		○	○	주79		○	○	주94		○	○
주36		○	○	주51		○	○	주66		○	○	주80		○	○	주95		○	○
주37		○	○	주52		○	○	주67		○	○	주81		○	○	주96		○	○
주38		○	○	주53		○	○	주68		○	○	주82		○	○	주97		○	○
주39		○	○	주53		○	○	주68		○	○	주83		○	○	주98		○	○
주40		○	○	주55		○	○	주70		○	○	주84		○	○	주99		○	○
주41		○	○	주56		○	○	사범, 1급 답안란 (2, 3급은 작성불가)				주85		○	○				
주42		○	○	주57		○	○	주71		○	○	주86		○	○	주100		○	○
주43		○	○	주58		○	○	주72		○	○	주87		○	○				
주44		○	○	주59		○	○	주73		○	○	주88		○	○	사범Ⅱ점수	①②③④⑤⑥⑦⑧⑨		
주55		○	○	주60		○	○	주74		○	○	주89		○	○	응시자 표기금지	⓪①②③④⑤⑥⑦⑧⑨ ⓪①②③④⑤⑥⑦⑧⑨		

국가공인 한자자격시험 답안지

사범, 1 ~ 3급 응시자용

주관 : (사)한자교육진흥회
시행 : 한국한자실력평가원

1 1

회 차	제 회	응시등급		문제유형	
감독관 확 인	(서명)	사범	○	A형	○
		1급	○		
		2급	○	B형	○
		3급	○		

성 명

수 험 번 호

(숫자 마킹란 0~9)

생 년 월 일

(숫자 마킹란 0~9)

채점위원확인란
(응시자표기금지)

(초 검)

(재 검)

객 관 식 답 안 란

1	① ② ③ ④	16	① ② ③ ④	31	① ② ③ ④
2	① ② ③ ④	17	① ② ③ ④	32	① ② ③ ④
3	① ② ③ ④	18	① ② ③ ④	33	① ② ③ ④
4	① ② ③ ④	19	① ② ③ ④	34	① ② ③ ④
5	① ② ③ ④	20	① ② ③ ④	35	① ② ③ ④
6	① ② ③ ④	21	① ② ③ ④	36	① ② ③ ④
7	① ② ③ ④	22	① ② ③ ④	37	① ② ③ ④
8	① ② ③ ④	23	① ② ③ ④	38	① ② ③ ④
9	① ② ③ ④	24	① ② ③ ④	39	① ② ③ ④
10	① ② ③ ④	25	① ② ③ ④	40	① ② ③ ④
11	① ② ③ ④	26	① ② ③ ④	41	① ② ③ ④
12	① ② ③ ④	27	① ② ③ ④	42	① ② ③ ④
13	① ② ③ ④	28	① ② ③ ④	43	① ② ③ ④
14	① ② ③ ④	29	① ② ③ ④	44	① ② ③ ④
15	① ② ③ ④	30	① ② ③ ④	45	① ② ③ ④
				46	① ② ③ ④
				47	① ② ③ ④
				48	① ② ③ ④
				49	① ② ③ ④
				50	① ② ③ ④

※ 답안지 작성요령

1. 객관식 답은 해당번호에 검정색 펜으로 표기
   ▶ 바른표기 예 : ●
   ▶ 틀린표기 예 : ◑ ⊙ ✓ ⊗
2. 객관식 답을 수정할 때는 수정테이프를 사용
3. 객관식 답을 수정할 때는 두줄로 긋고 작성
4. 본 답안지를 구기거나 훼손하지 마시오.

주관식 답안란

문항	주관식 답안란	초검	재검	문항		초검	재검
주1		○	○	주16		○	○
주2		○	○	주17		○	○
주3		○	○	주18		○	○
주4		○	○	주19		○	○
주5		○	○	주20		○	○
주6		○	○	주21		○	○
주7		○	○	주22		○	○
주8		○	○	주23		○	○
주9		○	○	주23		○	○
주10		○	○	주25		○	○
주11		○	○	주26		○	○
주12		○	○	주27		○	○
주13		○	○	주28		○	○
주14		○	○	주29		○	○
주15		○	○	주30		○	○

※ 응시자는 채점란의 ○표에 표기하지 마시오.

문항	주관식 답안란	초검	재검	문항	주관식 답안란	초검	재검	문항	주관식 답안란	초검	재검	문항	사범, 1급 답안란 (2, 3급은 작성불가)	초검	재검	문항	사범, 1급 답안란 (2, 3급은 작성불가)	초검	재검
주31		○	○	주46		○	○	주61		○	○	주75		○	○	주90		○	○
주32		○	○	주47		○	○	주62		○	○	주76		○	○	주91		○	○
주33		○	○	주48		○	○	주63		○	○	주77		○	○	주92		○	○
주34		○	○	주49		○	○	주64		○	○	주78		○	○	주93		○	○
주35		○	○	주50		○	○	주65		○	○	주79		○	○	주94		○	○
주36		○	○	주51		○	○	주66		○	○	주80		○	○	주95		○	○
주37		○	○	주52		○	○	주67		○	○	주81		○	○	주96		○	○
주38		○	○	주53		○	○	주68		○	○	주82		○	○	주97		○	○
주39		○	○	주53		○	○	주68		○	○	주83		○	○	주98		○	○
주40		○	○	주55		○	○	주70		○	○	주84		○	○	주99		○	○
주41		○	○	주56		○	○	사범, 1급 답안란 (2, 3급은 작성불가)				주85		○	○				
주42		○	○	주57		○	○	주71		○	○	주86		○	○	주100		○	○
주43		○	○	주58		○	○	주72		○	○	주87		○	○				
주44		○	○	주59		○	○	주73		○	○	주88		○	○	사범II점수	①②③④⑤⑥⑦⑧⑨		
주55		○	○	주60		○	○	주74		○	○	주89		○	○	(응시자 표기금지)	⓪①②③④⑤⑥⑦⑧⑨ ⓪①②③④⑤⑥⑦⑧⑨		

국가공인 한자자격시험 답안지

주관 : (사)한자교육진흥회
시행 : 한국한자실력평가원

1 1

사범, 1 ~ 3급 응시자용

회 차	제 회	응시등급		문제유형	
감독관 확 인	(서명)	사범	○	A형	○
		1급	○		
		2급	○	B형	○
		3급	○		

성 명

수 험 번 호

생 년 월 일

채점위원확인란
(응시자표기금지)

(초 검)

(재 검)

객 관 식 답 안 란

1	① ② ③ ④	16	① ② ③ ④	3	① ② ③ ④
2	① ② ③ ④	17	① ② ③ ④	32	① ② ③ ④
3	① ② ③ ④	18	① ② ③ ④	33	① ② ③ ④
4	① ② ③ ④	19	① ② ③ ④	34	① ② ③ ④
5	① ② ③ ④	20	① ② ③ ④	35	① ② ③ ④
6	① ② ③ ④	21	① ② ③ ④	36	① ② ③ ④
7	① ② ③ ④	22	① ② ③ ④	37	① ② ③ ④
8	① ② ③ ④	23	① ② ③ ④	38	① ② ③ ④
9	① ② ③ ④	24	① ② ③ ④	39	① ② ③ ④
10	① ② ③ ④	25	① ② ③ ④	40	① ② ③ ④
11	① ② ③ ④	26	① ② ③ ④	41	① ② ③ ④
12	① ② ③ ④	27	① ② ③ ④	42	① ② ③ ④
13	① ② ③ ④	28	① ② ③ ④	43	① ② ③ ④
14	① ② ③ ④	29	① ② ③ ④	44	① ② ③ ④
15	① ② ③ ④	30	① ② ③ ④	45	① ② ③ ④
46	① ② ③ ④				
47	① ② ③ ④				
48	① ② ③ ④				
49	① ② ③ ④				
50	① ② ③ ④				

※ 답안지 작성요령

1. 객관식 답은 해당번호에 검정색 펜으로 표기
   ▶ 바른표기 예 : ●
   ▶ 틀린표기 예 : ◑ ⊙ ⊘ ⊗
2. 객관식 답을 수정할 때는 수정테이프를 사용
3. 객관식 답을 수정할 때는 두줄로 긋고 작성
4. 본 답안지를 구기거나 훼손하지 마시오.

주 관 식 답 안 란

문항	주관식 답안란	초검	재검	문항		초검	재검
주1		○	○	주16		○	○
주2		○	○	주17		○	○
주3		○	○	주18		○	○
주4		○	○	주19		○	○
주5		○	○	주20		○	○
주6		○	○	주21		○	○
주7		○	○	주22		○	○
주8		○	○	주23		○	○
주9		○	○	주23		○	○
주10		○	○	주25		○	○
주11		○	○	주26		○	○
주12		○	○	주27		○	○
주13		○	○	주28		○	○
주14		○	○	주29		○	○
주15		○	○	주30		○	○

※ 응시자는 채점란의 ○표에 표기하지 마시오.

1 2

주관식 답안란

| 문항 | 주31 | 주32 | 주33 | 주34 | 주35 | 주36 | 주37 | 주38 | 주39 | 주40 | 주41 | 주42 | 주43 | 주44 | 주55 |

주관식 답안란

| 문항 | 주46 | 주47 | 주48 | 주49 | 주50 | 주51 | 주52 | 주53 | 주53 | 주55 | 주56 | 주57 | 주58 | 주59 | 주60 |

주관식 답안란

| 문항 | 주61 | 주62 | 주63 | 주64 | 주65 | 주66 | 주67 | 주68 | 주68 | 주70 | 주71 | 주72 | 주73 | 주74 |

사범, 1급 답안란
(2, 3급은 작성불가)

| 문항 | 주75 | 주76 | 주77 | 주78 | 주79 | 주80 | 주81 | 주82 | 주83 | 주84 | 주85 | 주86 | 주87 | 주88 | 주89 |

사범, 1급 답안란
(2, 3급은 작성불가)

| 문항 | 주90 | 주91 | 주92 | 주93 | 주94 | 주95 | 주96 | 주97 | 주98 | 주99 | 주100 |

사범점수
(응시자 표기금지)

① ② ③ ④ ⑤ ⑥ ⑦ ⑧ ⑨
⓪ ① ② ③ ④ ⑤ ⑥ ⑦ ⑧ ⑨
⓪ ① ② ③ ④ ⑤ ⑥ ⑦ ⑧ ⑨